Googleとトヨタの比べる仕事術

はじめに

時代をリードしてきた企業には、独自の革新的な「仕事術」が必ず存在します。企業が成長・発展していく過程で、社員とともに試行錯誤を繰り返しながら培ってきたその仕事術は、企業の理念や文化、思想をも反映した、まさに「企業の知的財産」と言える存在です。

革新的な仕事術を持つ企業の中でも、特に有名なのは、日本企業では日本を代表する自動車メーカー「トヨタ自動車」、外国企業であれば世界的なIT企業「グーグル」ではないでしょうか。

トヨタ流『なぜ』を5回繰り返して真因をさがす」、グーグル流「20％ルール」は、企業独自の仕事術として広く知られ、聞いたことがある方も多いはず。「企業の働きがい」を調査した各種ランキングで常に1位2位を争う両社には、企業文化に根ざした革新的な仕事術が存在し、多くのメディア、書籍で紹介され続けています。

伝統的な日本企業のトヨタと、シリコンバレー発のＩＴスタートアップであるグーグルは、業種も違えば、主要な職種も異なります。そのため、社内で共通言語となっている仕事術もまったく違うものと思われるかもしれません。

ところが、両社を詳しく見ていくと、とても興味深いことがわかりました。コーチング術やチームビルディング術、アウトプット術など、企業の普遍的な課題に対応する仕事術にある種の共通性が見られたのです。

新型コロナウイルスのパンデミック以降、多くの企業が事業内容や働き方の変革を迫られました。この2社も例外ではありません。電動化や自動運転、シェアリングなどがトレンドとなり、１００年に一度の大改革期と言われる自動車業界。トヨタは在宅勤務の対象職種を技術職にも拡大しながら、カーボンニュートラルの実現に向けて、２０２５年までに約70種の電動化モデルの展開を計画しています。

一方グーグルは、オフィスワークとリモートワークを組み合わせた「ハイブリッド」ワークプレイスモデルに移行することを表明。福利厚生が充実するオフィスで社員の創造性やモチベーションを高めてきたスタイルからの、大きな方針転換です。バーチャル参加者用の大型ディスプレーが配置された会議室を新設するなど、グーグルならではの環境整備が進められています。

このように時代に即したアップデートを進める一方で、両社には時代の変化に染まらぬ価値観もあります。本書で紹介する仕事術の多くは、トヨタとグーグルで長らく培われてきた企業文化を土台にしたものです。

この二つの企業に共通する課題へのアプローチ法や仕事術を比べることで、1社単独の事例研究では見えてこない、それぞれの仕事術の本質を浮き彫りにする。これが本書の試みです。

その内容は、他業種、他職種で働く方にも応用可能です。それぞれの仕事術の背景にある考え方を理解し、ご自身の仕事の内容に合わせてカスタマイズしてみてください。

それはやがてあなた独自の仕事術として定着し、理想の働き方を手にする一助となるでしょう。

Introduction

CONTENTS

Comparison 01

資料作成

Google流

資料はみんなで作成

×

トヨタ流

資料は
A3一枚にまとめる

仕事が速い人は「結論」に期限を設ける

徹底的なムダの排除による生産性の向上。これはトヨタの本領ですが、グーグルにも共通する特色です。

ムダが生まれる局面は業種によって千差万別。これぞ温床とは一概に言えませんが、それでも日本企業に広く見られる悪しき習慣があります。

代表的なのは「持ち帰って検討する」。誰しも一度は口にしたことがあるのではないでしょうか。

我々はなぜこの一言を発してしまうのか。主な理由としては、「決裁者の判断を仰がないと結論を出せないから」「検討が不十分なまま決断しないため」といったことが考えられます。

慎重さは、ある程度は備えていたほうがいいもので、全くないのはただの無責任。距離を置いたり、時間をかけたりしたほうが、問題を俯瞰して見られることもあるでしょう。

ただし、「こうしておけば、あとあと問題にならない(=上司に怒られない)」と責

Google

任回避の気持ちに支配され、「いったん保留」を仕事の型にしてしまうのは考えもの。グーグルの価値観に照らせば、「そういう考えだから仕事が遅い」となります。

グーグル流の仕事の基本は、「〝今〟を大事にする」。グーグルで人材育成部長を務めたピョートル・フェリークス・グジバチ氏は、「仕事を速く進めたいなら、『結論を出す』ことに期限を切ること」と自著で説きます。

グーグラー（グーグル社員）は安易に「持ち帰って検討する」という言葉を口にしません。商談などの場で確認事項が出てきた場合は、その場で決裁者や担当者にチャットで連絡し、話を前に進める。仮に何かしらの情報不足で結論を出せないときは、誰が何を調べて共有するか、次のアクションを具体的に決めて終わる。明確な理由のない、結論の先延ばしは認められない社風なのです。

常に10倍の成果を目指して働く「10X（テン・エックス）」。これはグーグルの有名なポリシーですが、仕事のスピード感がなければ、そのとば口にすら立てません。だから彼らは、「今どこまで仕事を動かすか（動かせるか）」という意識を常に働かせ、できることは先延ばしにしません。グーグラーにとって、これは理想ではなく当たり前のことなのです。

01
資料作成

会議の資料はその場でつくってしまう

仕事の先延ばしを防ぐには、「1回で終わらせる」という意識を持つことが重要です。「持ち帰らない」はまさにこれに該当しますが、他にもあります。たとえば、会議の議事録づくりです。

書記役がメモを取り、打ち合わせ後に内容を整理。出席者に内容確認を依頼し、戻しを受けてまとめ直す。一般的な議事録づくりはこんな進め方ではないでしょうか。

これが悪いわけではありませんが、出席者の数が多ければ確認に時間がかかり、順調に進まないこともあります。その点グーグルはスピーディーです。決定事項やまとめる要素が多い会議では、その場で議事録の骨子を完成させてしまうのです。

やり方はシンプルです。まずは参加者全員でグーグルドキュメントのファイルを一つ共有。それをスクリーンに映し出しながら話し合いを進め、必要なことはその場で書き込んでいく。

これなら書記も不要ですし、各々でメモを取る必要もありません。スクリーンの内容を見ながら話し合うので、皆がPCとにらめっこということもありません。

また、熟議した内容を参会者全員で書き込むので、その完成度は単なるメモを超えています。書き込まれた内容をリアルタイムで確認しているわけですから、会議の後に、一人ひとりに内容を確認してもらう必要もありません。要素を追加したい人は、後で追記し更新すればいいだけ。こうして議事録がスピーディーに完成するのです。

会議で「本題」に早く入るためのコツ

「1回で終わらせる」の肝は、不要な確認や連絡を省くことです。進捗報告の会議も、各々が報告内容を共有ファイルに書き込み、それを全員が事前に読んでおく。そうすれば重要な課題に集中できますし、会議の時間も大幅に短縮できるでしょう。

もっと言えば、単なる「報告」だけなら、共有ファイルに書き込み、メンバー同士で確認し合えばいい話。「1回で終わらせる」どころか、会議自体をなくしても問題ありません。ムダな会議がなくなれば、その分、創造的なことに時間を使えます。

「1回で終わらせる」は、ムダな慣習に終止符を打つ良いきっかけになるのです。

Google流

日程調整にメールを使ってはダメな訳

皆さんは日程調整をメールでやっていますか？　もしそうなら、非効率と言わざるを得ません。一人でも都合がつかない人がいると仕切り直しの連続になり、確定するまでに数日かかることもざら。さすがに作業コストが高すぎます。

「その場で終わらせる」は、スケジュール調整にも持ち込んでほしい視点。Ｃｏｍｐａｒｉｓｏｎ12で詳述しますが、オンラインカレンダーを相手と共有するだけで、日程調整が格段に楽になります。

たとえば、プロジェクトメンバーとグーグルカレンダーを共有して、予定の空いているところに打ち合わせの希望日を直接入れてもらう。この方法ならすぐに日程が決まりますし、会議の議題を記載したり資料をアップしたりしておけば、当日本題に入りやすくなります。

ツールを駆使して「みんなで一気に決める」のがグーグル流。常に「その場で終わらせる」意識を持ち、周囲にも協力を仰げば、仕事は一気に進むようになるでしょう。

資料づくりを「その場で終わらせる」と後がラク！

記録すべきことはここに
書き込んでくださいね
資料用のグーグルドキュメントをメンバー間で共有する
…
…
議論しながら要所でメモをしていく
会議の終わりに、記載内容をメンバー全員で確認し、調整して資料完成

資料が"紙料"や"死料"になっている？

いわゆる「ホウ・レン・ソウ（報告・連絡・相談）」に際して求められることが多い資料づくり。簡潔に要点をまとめることはもはや一般常識で、多忙な意思決定者に見せるときはなおのこと。ソフトバンクグループ会長兼社長の孫正義氏は、社員から手渡された資料を10秒ほど眺めて決断を下していたといいます。

「資料が〝紙料〟や〝死料〟になっていないか」。トヨタの元副社長・大野耐一氏はそう漏らし、利用価値の低い資料を問題視していました。枚数も膨大で、苦労して読んでも要領を得ない。そんな無益な資料は、あってはならないというわけです。

資料の形態で一定の自由度があるトヨタですが、従来定番とされていたのは「A3一枚に簡潔にまとめる」。この分量なら読み手は素早くポイントを理解し、より早く判断を下せるからです。近年トヨタでは資料自体を少なくする動きも加速し、有益な情報をコンパクトにまとめるニーズがさらに高まっています。

それでは、トヨタではどんな資料を有益と見なすのか。その判断基準を示唆するエピソードがあります。ある日、トヨタの生産管理部が外注先への発注計画を提案したところ、大野氏に叱られたというのです。

提案資料には、自社と外注先の現時点での生産能力や、原価に基づく発注計画がまとめられていました。それを見た大野氏は「過去の実績（生産能力）がそのまま将来のベースになると考えるな」と叱責しました。

生産能力は「改善」でいくらでも伸ばせるし、伸びた分だけ外注量は減る。この計画書には、自社の生産能力をいかに伸ばすかという視点が欠けているから、まずは現場を見てこい、というわけです。

「現地現物」はトヨタで重視される言葉の一つ。現場に足を運び、自分の目で事実を確認した上で、次に必要な行動を考えることを意味します。この姿勢は資料をつくる際にも徹底的に問われます。また、現在は大野氏の時代以上に先行きが見通せないため、「じっくり考えて実行」より「まずは行動して、結果をみて柔軟に軌道修正」という姿勢も求められます。

この「現地現物」と「行動重視」のスタンスを通じて、顕在化した問題のみならず潜在的な問題も発見し、課題の解決案などをスピーディーに提示する。これがトヨタで重視される姿勢であり、資料作成でも重視されるあり方です。

八つの項目で資料に説得力を与える

資料づくりにはスキルの差が如実に表れます。不慣れな人は、トヨタの「A3一枚」というスタイルだけを真似ても、構成の難しさに手が止まってしまうでしょう。そんな落とし穴にはまらないためにはどうすればいいのか。

トヨタの資料作りにはある種のフレームワークがあり、それに則れば必要な視点や情報がバランスよく盛り込めます。それが次の8項目のステップ。資料で取り上げるテーマをここに落とし込むことで主張に説得力を持たせられます。

①問題の明確化
②現状把握
③目標設定
④要因解析
⑤対策の立案
⑥対策の実施
⑦効果の確認
⑧標準化・管理の定着

これは、トヨタが「改善」に活用するフレームワークです。まずは問題の定義を明確にし、組織や職場の現状を正確に把握する。次に、問題を解決した後の未来の姿(目標)を描く。その目標を達成するために問題の真因(真の要因)を突き止め、対策案を練り、実施、効果検証へと流れていく。

トヨタではこのフレームワークが資料づくりにも生かされています。なぜなら、資料というものは多くの場合「提案」の要素が含まれており、この8ステップを満たすか否かで、提案内容の有効性を見極められるからです。

「多くの企業は組織の改善にあたって、いきなり⑤、⑥から始めてしまいがちですが、①〜④を飛ばすと対症療法にしかなりません」。トヨタ出身者で構成されるコンサルティング会社「OJTソリューションズ」の高木新治トレーナーは、先の8ステップを見ながらこう話します。

これは資料作成にも共通するポイントです。提案に説得力を持たせるためにも、現状を把握し問題の真因について十分に考察を重ねた上で結論を導くことが重要です。

「熟読の必要がない状態」に仕上げる！

トヨタの資料づくりは、「どんな提案を盛り込むか」と同じくらい「どう見せるか」が重視されます。トヨタには、従業員からの業務改善提案に対し報奨金を与える「創意くふう提案制度」という社内制度がありますが、提案資料の内容に加えて読みやすさも報奨金の額に影響します。

求められているのは、「読ませる」ではなく「見させる」資料。いわば熟読の必要がない資料です。ダラダラと長い文章が続く資料や、主張が不明確で読み手に判断を委ねるような資料は突き返されてしまいます。

それは、単純化すればいいという話ではありません。主張が一目で伝わるくらい練り込めということです。どんなテーマであれ、先の8項目に整理した上で、ポイントと結論を端的に示し、必要な場合は図表やグラフを載せる。これがトヨタ流の「見させる」資料づくりなのです。

トヨタの資料作成のフレームワーク

各項目の内容を補完するグラフや図を入れる。

トヨタ式の改善用のフレームワーク。この項目をA3一枚にまとめる。これを下敷きに資料をつくってみるのも一つの手。

①問題の明確化
ポイント:
○○○○○
要約文・解説文

②現状把握
ポイント:
○○○○○
要約文・解説文

③目標設定
ポイント:
○○○○○
要約文・解説文

④要因解析
ポイント:
○○○○○
要約文・解説文

⑤対策の立案
ポイント:
○○○○○
要約文・解説文

⑥対策の実施
ポイント:
○○○○○
要約文・解説文

⑦効果の確認
ポイント:
○○○○○
要約文・解説文

⑧標準化・管理の定着
ポイント:
○○○○○
要約文・解説文

01　資料作成　比較

Google流

資料はみんなで作成

「“今”を大事にする」はグーグルの基本的な仕事の哲学。その場でできる仕事はすべてやり、むやみに先延ばしにはしない。会議の資料もその場でつくる。メンバー間で一つのファイルを共有し、熟議した内容を参加者がその場で書き込む。そうすると、会議の終わりには、完成度の高い資料ができ上がる。何事もその場で終わらせるために「みんなで一気につくる」がグーグル流。

トヨタ流

資料は A3一枚にまとめる

資料を読むのは、意思決定者をはじめ多忙な立場の人が多い。そのため有益な情報がコンパクトにまとまり、ポイントや結論が把握しやすく、スピーディーに判断が下せる資料が求められる。資料の形態は自由度が大きいトヨタだが、従来定番とされていたのが「A3一枚にまとめる」。既存の情報に加え、現場に足を運ぶなどして知り得たことを簡潔なタイトルと構成にまとめ、主張を明確にする。これをやって初めて提案の核心が伝わる。

13/**02**
Comparison

情報共有①

▼

Google流
「アイデア」を共有する

×

トヨタ流
「ミス」を共有する

経営情報も全社で共有—その意図は？

議事録に限らず業務上のファイルは、グーグル・ワークスペースを使ってクラウド上で管理するのがグーグル流。

その理由は大きく二つあります。一つは、必要な情報にいつどこでもアクセスできる利点を生かして、仕事のスピードアップやコミュニケーションの円滑化を図るため。もう一つは、グーグルの社内文化とも言える「情報共有」を促進するためです。

世界中に散らばるオフィスで、誰が今どんなことに取り組んでいるのか。経営陣は今どんな問題意識を抱え、どう向き合おうとしているのか。グーグルでは、そうした情報がクラウド上に保存され、誰もが閲覧できる状態になっているのです。

法律や社内規則で禁じられているごく一部の事柄を除いて、あらゆる情報が共有されるというのですから、その透明性の高さは尋常ではありません。取締役会で提出された書類すらも社員に公開されているといいます。

なぜそこまでオープンにするのか不思議に思う人もいるでしょう。その理由は、優れた人材の能力を最大限に引き出すため。そのための環境づくりとして、彼らはあら

Google

ゆる情報をオープンにすることを心がけているのです。

そんな社内文化を象徴する面白い取り組みがあります。

毎週金曜の朝（米国では木曜夕方）、全世界の社員6万人を対象に行われるライブミーティング「TGIF」です（名称の由来は週末を祝う「Thanks God It's Friday」をもじった「Thanks Google It's Friday」）。

このライブでは経営層が、その週に取り組んだことを報告したり、検討中の新サービスについてプレゼンしたりするなど、自分たちが考えていることを社員に直接語りかけます（Comparison03で詳述）。

発表が終わると社員は自由に質問できます。面白いのは、誰もが上下関係にとらわれることなく、忌憚のない意見を発すること。

「社長の意見はこういう点で間違っていると思いますが、いかがですか？」といったことを平然と投げかけ、経営陣もそれにきちんと答えるのです。

何事もフラットな視点で捉え、相手が誰であろうと聞くべきことは聞き、言うべきことは言う。そうやってコミュニケーションを深めるのがグーグルの社風。彼らからすれば、上から下に都合の良いことだけを伝えるのは「情報共有」ではないのです。

情報共有は健全な競争心を刺激する

グーグルには「TGIF」の他にも、社員のアイデアやチームの取り組みを共有するさまざまなしくみがあります。その一つが「スニペッツ」です。

「Snippet（スニペット）」とは情報やニュースの断片を意味する言葉。チーム単位で仕事に取り組むグーグルでは、それぞれのチームのメンバーが直近で成し遂げたことや次週に取り組むことなど（＝スニペッツ）をまとめて、マネジャーのドキュメントフォルダに共有します。

マネジャーはそれをまとめ、チーム全体のスニペッツを付け加えて上司に共有します。上司は共有された資料に自身のスニペットを添えて、さらに上の人に共有する……と、どんどん上流に上げられ、世界中のオフィスでスニペッツがシェアされるしくみになっています。

スニペッツは社員であれば誰でもアクセス可能です。閲覧の目的はさまざまですが、自分が注目しているエンジニアやチームが今どんなことに取り組んでいるのかを知るために覗く社員が多いといいます。

同僚が良い仕事をしていれば、競争意識が刺激され、自分たちのパフォーマンスを上げようとするのは自然なこと。その意味で、スペニッツはチーム間のポジティブな競争を促すことにも一役買っています。

アイデアのヒントは持ち場の外にある

日本企業には、他部門の仕事には口を出すべきではないという考えが今も存在します。そんな縦割りの弊害を感じながら働いている人は少なくないでしょう。

Comparison10で詳しく解説しますが、グーグルには、新規事業の立ち上げや事業改善などに取り組むとき、成功確率を高めるために行う「スプリント」というプログラムがあります。

スプリントでは、課題解決のアイデアを出し合う前に〝発想の準備体操〟となるエクササイズを実施します。プロジェクトメンバー全員で、圧倒的な成果を出した社内外のビジネス事例をリサーチし、一人ずつ順番に成功のポイントを3分間でプレゼンする。そうやって全員で良いアイデアを生み出すための視点を養うのです。

Google流

ポイント解説

「アイデア」を共有する

このエクササイズは二つのことを教えてくれます。一つは、成功事例の多くは、既存のアイデアを新しいビジョンで組み合わせたものであること(携帯電話にカメラを組み合わせる、など)。もう一つは、最も役に立つアイデアは、似たような課題を解決した他分野の取り組みから見つかること。

つまり、イノベーションのヒントは持ち場の外にたくさんある、ということです。だからこそ、組織内の情報の透明性を高くし、他のチームの取り組みを把握したり、連携できたりする環境を整えることが重要なのです。

グーグルには就業時間の2割を担当業務以外に充てることが許される「20%ルール」と呼ばれるしくみがあります。

スペニッツで共有された先進的なプロジェクトには、この20%ルールを生かして「自分も参加したい」とどんどん社内の人材が集まってきます。

良い人材が集まれば、よりレベルの高いアウトプットが可能になり、その結果として高い評価がチームやメンバーに与えられる。この正の流れがグーグルの高度なパフォーマンスの源泉となっています。

クローズドな社風の企業は、グーグルを参考にオープンな組織づくりにシフトすべきでしょう。積極的な情報共有は社員の意識を変え、職場の空気を好転させます。

情報共有のメリット

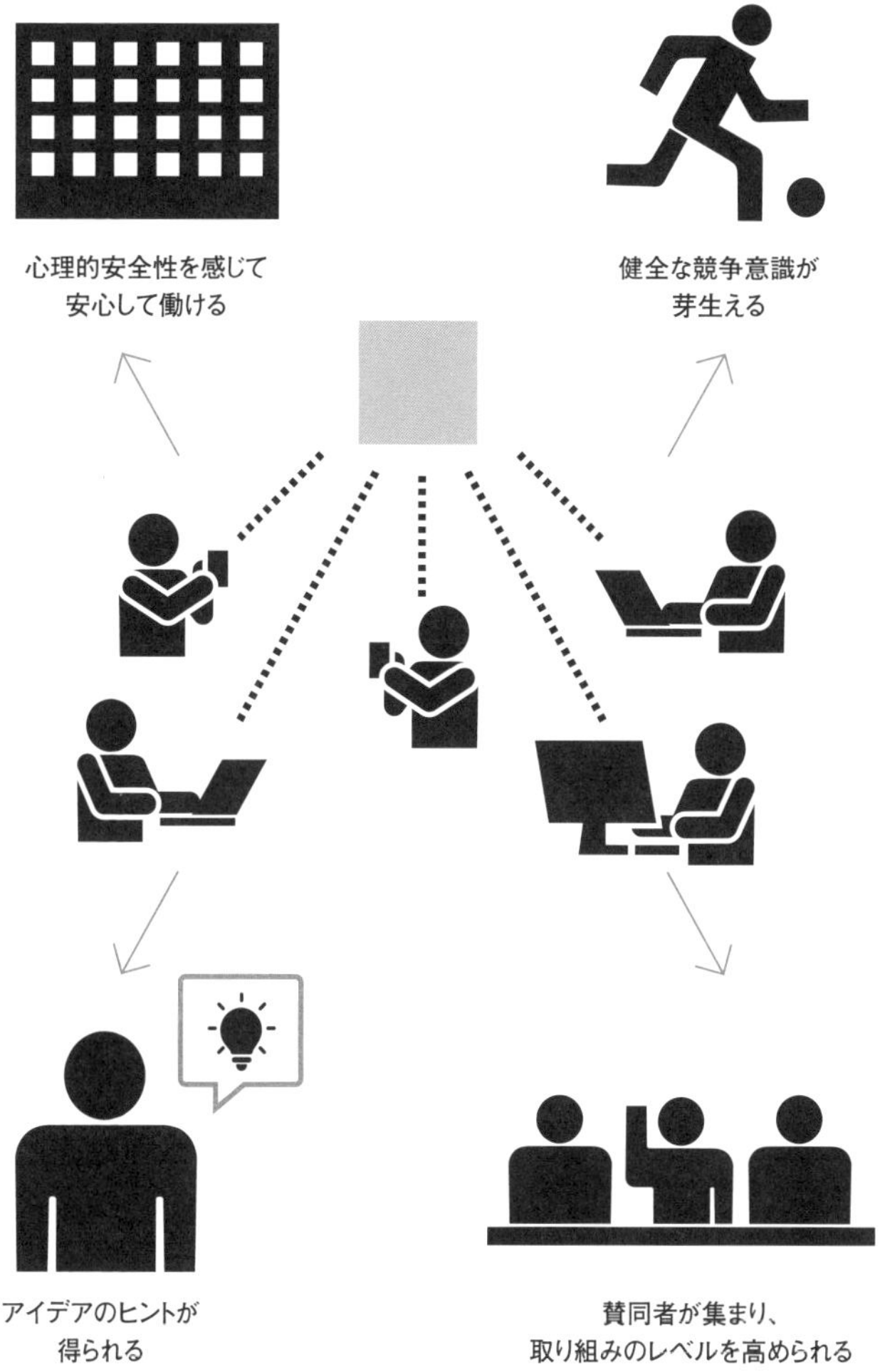
心理的安全性を感じて
安心して働ける
健全な競争意識が
芽生える
アイデアのヒントが
得られる
賛同者が集まり、
取り組みのレベルを高められる

「人を責めるな、しくみを責めろ」

「ミスをした人はガッツポーズをしなさい」。2018年から実質的にサッカーカンボジア代表の監督を務める本田圭佑氏は、選手たちにこう指導していたそうです。

着任当時、本田監督の目に映ったのは、プレーでミスした後に積極性を失う選手の姿。ミスは必ずしも悪くない。むしろ「うまくいかなかったこと」がわかるのだから価値がある。失敗は新しいことに挑戦している証しであり、成功するために必須の条件だ——。そう考えた本田監督は、失敗をポジティブに受け止める環境をつくるべく、冒頭の言葉を選手に伝えていたそうです。

トヨタの社風もこれと似ています。挑戦しない者は叱られる一方、挑戦した人間はたとえ失敗しても批判されません。そして、ミスを仕事の質を高めるチャンスと捉え、改善につなげていく。まさに「失敗は成功の母」を地で行く組織です。

そんなトヨタの哲学を端的に表した言葉があります。

「人を責めるな、しくみを責めろ」

トヨタでは、現場で問題が発生したとき、たとえ明らかに作業者のミスであっても、上司が部下をむやみに責めることはありません。部下が失敗しないような環境やしくみをつくれなかった上司が悪いと考えるのです。

失敗を叱らないと部下の責任感が薄れるのでは？　そう心配になる人もいるでしょう。それは一見正しい指摘に思えますが、実際はその逆になりがちです。なぜなら、叱られて評価が下がることを恐れると、部下は失敗を隠すようになります。それが後々になって発覚し、当初より問題が大きくなってしまうという悪循環につながります。

そう考えると、失敗してしまったときに堂々とそれを報告し、再発防止の対策につなげることこそ、組織に対する誠実な態度と言えます。

世界最高の組織と称されるグーグルは、誰もが自分の信念に基づいて思ったことを発言できる環境を、チームビルディングの要としています（Comparison07で詳述）。これはトヨタにも共通する点です。

失敗の責任を個人に押しつけなければ、部下は安心してミスを報告できます。失敗がきちんと共有されれば、原因を突き止め、再発防止策を講じることもできます。

それによって職場が改善されれば、「彼が失敗してくれたおかげで、自分は失敗をせずに済んだ」というようにミスをしたメンバーへの感謝の気持ちがチーム内に芽生え、チームの団結力が増す——。そうやって組織は強くなっていくのです。

「ホウ・レン・ソウ」は悪い報告から始める

これまでに「トヨタでは失敗しても叱られない」と紹介しましたが、あらゆるミスが許されるわけではありません。怠慢、手抜き、横着、無責任など、やればできることを自ら放棄した結果、思わぬ事態を引き起こしてしまった場合はこっぴどく叱られます。これはトヨタに限らず、社会の常識です。

「普段『ミスを恐れるな』と言うのに、いざ失敗したら上司に怒られた」と嘆く声を聞くこともありますが、ミスには許されるものと許されないものがあることを意識しておきたいところです。

ミスの共有の仕方にもトヨタらしさがあります。

「トラブルがない日はない」と言われるほど、トヨタの現場では日々さまざまな問題が発生します。そしてどんな問題も、時間を置けば置くほど事態が悪化します。そのため、「ホウ・レン・ソウ」に際して、「悪い報告から先に伝える」——これがトヨタの鉄則です。

報告の手順に明確な基準を設けている現場もあります。たとえば重要性の高い設備にトラブルが起きた場合、組長は15分以内に問題解決に尽力し、果たせなければその上の工長に報告する。工長は30分で解決できなければその上の課長に報告する。このようなやり方でルール化して、リスク管理を徹底しているのです。

失敗の原因と対策をレポートで共有

現場で起きた失敗は、対処すれば終わりではありません。記録を残して、全社的に共有します。各地に工場を持つトヨタでは、ある現場で起きた失敗が次の日、別の現場で起きてもおかしくありません。そういった事態を未然に防ぐためにも、各現場のミスから得た教訓を会社全体で共有するわけです。

トヨタでミスを記録する文化が定着した象徴的なエピソードがあります。かつて若い社員が社内手続きを経て、米国から高価な工作機械を購入したときのこと。期待とは裏腹に性能面でいくつも問題が見つかり、会社に大きな損害を与えてしまいました。そこで彼は、当時開発責任者を務めていた豊田英二氏のもとに謝罪に訪れます。重い処分を覚悟していたところ、英二氏は「その失敗はおまえの勉強代だ」と言って責任を追及せず、代わりに、失敗の原因究明と再発防止策をレポートにまとめるよう指示したといいます。

失敗を個人の経験にとどめておくと次世代に伝わらず、同じ過ちが繰り返されてしまうかもしれない。だから会社全体の教訓として残し、再発防止や改善の種にしようというわけです。

こうした失敗の事例と対策をまとめたレポートは、今では「T-Wave」と呼ばれる社内ポータルサイト（社員のみがアクセス可能なトヨタの情報共有サイト）にまとめられます。「T-Wave」には人事や総務など組織のあらゆるトピックが集約されていて、トヨタ社員が日常的に見ているため、数万人に一気に情報が共有されるのです。

失敗の対策案は「10の視点」で発想せよ

組織の成長を阻害する典型的な悪癖といえば、「失敗のやりっ放し」です。たとえ新たな挑戦をした上での失敗であっても、その経験を成長の糧にしなければムダに終わります。つまり、失敗の原因を振り返り、それを後々も参照・共有できるように記録として残すことは、経験を血肉にするために必要な手続きと言えます。

失敗の記録の仕方はさまざまですが、次の4点は必須です。

「どんな失敗をしたのか」(=内容)
「どういう経緯で失敗が発生したのか」(=経緯)
「なぜ失敗したのか」(=要因)
「どうすれば同じ失敗を防げるか」(=対策)

「内容」「経緯」は、起きたことを簡潔かつ正確に記しましょう。特に、「要因」をきちんと掘り下げるためにも、失敗した取り組みに着手してから問題が発生するまでの「経緯」は正確に洗い出しておくべきです。その作業を通じて、自分が見落としていた失敗の要因に気づくこともあります。

続いて「要因」と「対策」について。トヨタでは、問題の発生要因を「真因(真の要因)」と位置づけ、それを突き止めることから始めます。

そこで彼らが使う手法が、「なぜ」を5回繰り返すこと。5回程度、思考を掘り下げると、問題の核心が見えてくるというわけです(Comparison 07で詳述)。

真因を特定したら、次はそれを取り除くための「対策」を考えます。ただ、いきなり決定的なアイデアが浮かべばいいですが、そんなにうまくはいきません。

現実的には、視点を変えながら複数の対策案を検討し、問題解決に取り組むことになるでしょう。そのアイデア出しに際して、発想の幅を広げるための視点を紹介します。

①**転用**…使い道、使う場所を変更し、生かす方法を考える。誤って大量発注してしまったペンやノートも、人事部に持っていけば、新入社員に配ってくれるかもしれない。

②**借用**…直面している問題と類似性の高い課題解決事例や、応用可能なビジネスモデルに当てはめてみて、対策案を発想する。

③**変更**…部分的な変更に活路を見いだす。名称、役割、カラー、形状、担当者、置き場所などを変えてみる。

④**拡大**…作業台の大きさを変えることで作業内容の拡大を図る、担当者数を増やすことで一人あたりの作業負担を減らす、など。

⑤**縮小**…付加価値を生んでいない、もしくは生む可能性の低い「ムダ」に目を向け、その発生要因の規模を縮小する。もしくは、小さくすることで需要を満たす。大きな会議室をいくつかの小さな会議室に分割し、少人数の会議をしやすくするなど。

⑥**代用**…道具、作業工程、人員など、仕事の要素の一部を別のもので代用するこ

とで、仕事の取り組み方を見直す。

⑦**入れ替え**…作業場、作業工程、人員の配置や順番を変えてみる。工程を一つ入れ替えることで効率化が進んだり、会議のメンバーを一人入れ替えることで議論の流れが変わったりする。

⑧**逆用**…しくみの構造を変えてみる。部署内で上司と部下の役割を反対にしたり、作業工程の一部を逆にしたりして、プラスの変化を引き出す。

⑨**結合**…別々に利用、運用していたものを組み合わせて新しい価値を生み出す。携帯電話に財布の機能を付与する、書籍やCDとイベントのチケットを抱き合わせにする、など。

⑩**削除**…生産性の低い作業は廃止する、使えない道具は処分する、作業人数を減らす、など。

これらの視点を生かして有効な対策案を練ったら、失敗の記録に簡潔にまとめましょう。素早く要点をつかめる内容でなければ、見過ごされてしまうのが落ち。レポートづくりにもComparison01で触れた資料作成と同様の姿勢が求められます。

トヨタは失敗を改善しながら成長した企業であり、その精神は今も受け継がれています。失敗を生かすためにも、全社で共有し、組織の財産にする。これがトヨタの伝統なのです。

02　情報共有①　比較

Google流

「アイデア」を共有する

チーム単位でプロジェクトを進めるグーグル。各チームの進捗状況やアイデアは「スニペッツ」というしくみで毎週全社的に共有される。他のチームの取り組みを自分たちのプロジェクトに応用したり、競争のモチベーションにしたり、その生かし方はさまざま。就業時間の2割を持ち場以外の仕事に充てられる社内制度（20%ルール）を利用して、スニペッツ経由で知った先進的なプロジェクトに参加する社員もいる。アイデアを共有することで組織を活性化させるのがグーグル流。

トヨタ流

「ミス」を共有する

挑戦しない者は叱られる一方、挑戦した人間はたとえ失敗しても批判されないのがトヨタの文化。「人を責めずにしくみを責める」の考えのもと、社員は積極的に仕事に取り組み、その上で発生したミスはきちんと上司に報告し、チームで問題解決と再発防止につとめる。また、そうしたミスを全社的に共有し、組織の財産にするのがトヨタ流。失敗のやりっ放しは通用しない。

13

03

Comparison

情報共有②

▼

Google流

全社員でミーティングする

×

トヨタ流

部署の垣根を越えて共有する

経営層の「現在地」を社員に伝える

「グーグルのオープンマインドはかなりのもの。証券会社から転職してきた同僚が、『前職ではアルゴリズムやトレード方法は個々の社員の秘密だったのに、グーグルではソースコードが全社員に公開されているからびっくりした』とよく話していました」

こう明かすのは、元グーグルのトップエンジニア井上真大氏。Ｃｏｍｐａｒｉｓｏｎ02で触れた通り、グーグルでは製品ロードマップから取締役会に提出された書類にいたるまで、一般的な感覚からすると驚くような情報が社員に公開されています。

「世界中の情報を整理し、世界中の人がアクセスできるようにすること」を理念に掲げる同社は、その姿勢を組織の内部にも向けているのです。

こちらもＣｏｍｐａｒｉｓｏｎ02で触れましたが、全社員向けライブミーティング「ＴＧＩＦ」は、グーグルのオープンマインドを象徴する取り組みの一つです。

「自動運転、グーグルグラス、ディープマインドと、画期的なトピックが目白押しで、聞いていて非常に楽しかったのを覚えています」（井上氏）というように、社内の注目の活動などが共有されるほか、創業者や経営トップらもその週の自身の仕事や経営に関する考え方を発表し、社員からの質問にも説明を尽くします。
そのやり取りを通じて、社員は経営層や会社の「現在地」を知ることができるのです。

一般的に組織は規模が大きくなるほどピラミッド構造が拡大し、情報共有や報告の場は「課」や「部」などの単位で設けられます。

経営層が社員に直接語りかける機会は、年始や期末、組織の緊急時などと極めて限定的。しかも上意下達の性質が色濃く、「上層部にとって都合の良い情報が流されている」と社員に受け取られても仕方ありません。

ＴＧＩＦはそういったものとは全く異なります。リラックスムード全開のイベントで、コロナ禍以前は開始前から社内でビールを飲み始めている部署もあったほど。本番中も夕食とアルコールをお供にざっくばらんな話し合いが繰り広げられ、質疑応答に関しても遠慮はナシ。強固な信頼関係のもと、立場の上下にとらわれることなく誰もが率直な疑問を投げかけるのです。

その様子は全社的に生中継されるため、デスクで作業しながら視聴できるほか、録画がアーカイブされることから事後の視聴も可能。つまり、誰もがいつどこからでも組織の最新情報にアクセスできる。それがＴＧＩＦという取り組みなのです。

社員が聞きたいことに正面から答える

グーグルはフラットな組織として有名です。その証しと言うべきか、多くの社員が「上下関係を感じない」と口にします。

職位を問わず、誰とでも食堂やカフェスペースで立ち話をする。聞きたいことがあればハングアウト（ビデオ、チャットシステム）などで連絡を取って聞く。従業員同士の壁のなさが社内の情報共有を拡大させていることは言うまでもありません。

グーグルで投資関連事業に従事していた西村賢氏のコラムからは、ＴＧＩＦがフラットな組織文化の醸成に寄与していることがよくわかります。

「（在籍中）一度たりともＧｏｏｇｌｅのスンダー・ピチャイＣＥＯや、Ｇｏｏｇｌｅ共同創業者でアルファベットＣＥＯのラリー・ペイジＣＥＯといった経営陣と距離があると感じたことはありませんでした。毎週社員の前に姿を見せていましたし、その気になれば、いつでも質問ができ、そして、ちゃんと答えてくれることも知っていたからです」（ウェブメディア「ＣＯＲＡＬ ＩＮＳＩＧＨＴＳ」より）

２０２１年現在、グーグルは世界50カ国に70以上の拠点を持ち、13万人以上の従業員が在籍しています。この規模になるとすべての質問にリアルタイムで回答するのは現実的ではありません。そのためＴＧＩＦは、社内ツールで事前に質問を募り、社員による投票で上位に選ばれた質問に対して優先的に回答するしくみになっています。

多くの社員が聞きたいと思っている質問に組織のトップが正面から答える。そんな〝ガチンコ〟を、全体に向けて毎週繰り返すことで、社員は心理的安全性や発言の自由を感じます。こうしてフラットな組織文化はどんどん強化されていくのです。

トップは回答後すぐに行動を起こす

ＴＧＩＦのような取り組みを社内に根づかせるには工夫が必要です。一つは、忖度のない意見が寄せられる環境を整えることです。

先に触れた通り、ＴＧＩＦは投票制で質問を選びます。実にフェアなしくみですが、それが成立するのは、トップにとって不都合な質問を投げかけた質問者やそれに投票した社員が不利な立場に置かれることはないからです。

際どい質問をした人間の待遇が悪くなれば、恐ろしくて誰も声を上げられません。点数稼ぎのような質問ばかりが集まるだけです。そうした事態を防ぐためにも、質問内容と社員個人の評価は全く関係しないことを、トップが明言することが重要です。

もう一つの工夫は、社員からクリティカル（危機的）な指摘があった場合、短期間のうちにトップが具体的な対応を示すことです。

グーグルでは、現場から声を吸い上げることで大小さまざまな改善が日々行われています。機敏な対応が進められるのは、情報をオープンにし、積極的に権限を社員に委譲していることも関係しているはずです。

社員から鋭い意見が寄せられた場合、まずは回答期限を設けて対応の有無を検討しましょう。何かしら対応する場合は、短期間のうちにトップ自ら施策を考え、改善に向け関係者に動いてもらう。あるいは案件に直接関係する部署などに意思決定を委ね、期限を設けて改善を進めてもらう。そんな動きが必要になってくるでしょう。

情報と権限をトップが独占し、現場が声を上げても組織が変わらない。そんなことが続けば、声を上げるしくみがあっても誰も意見を言わなくなります。それでは「フラットなコミュニケーション」とは名ばかりで、絵に描いた餅になるだけです。

上意下達のミーティング

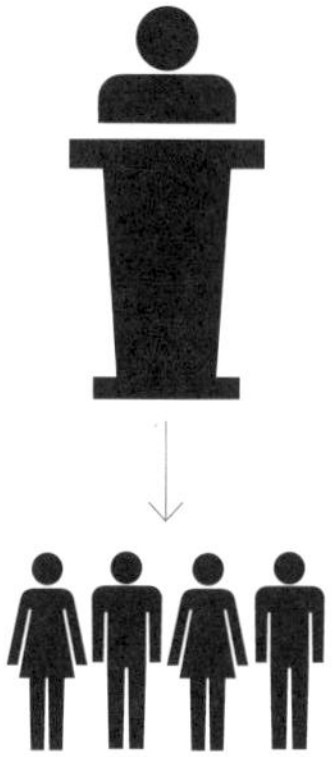

（社員の実感）

・何でも自由に聞ける雰囲気ではない
・上にとって都合の良い情報を流されている
・意見しても、上に届く気がしない

VS

フラットなミーティング

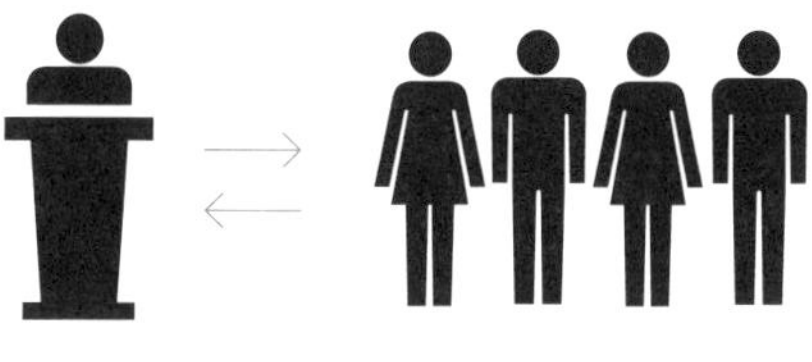

（社員の実感）

・立場は上でも、同じ目線で話せる
・必要な情報を開示してもらえている
・意見すれば、検討してもらえる気がする

互いに「盗んで」切磋琢磨する

トヨタでは、入社と同時に改善の精神を徹底的にたたき込まれます。業務上の問題を見つけ、それが発生する「真因」を探り、二度と起こさないための施策を考え抜く。目の前の問題が解決されたら、また別の問題を見つけ改善を進める――。

この作業に終わりはなく、全社で恒久的に改善を進めるのがトヨタの強さと言えます。

Comparison05でも触れていますが、トヨタでは現場で生まれた効果的な取り組みをすぐに「ヨコテン（横展開）」します。自分の持ち場の成果を全社的に共有するだけでなく、他の職場の成果も積極的に採り入れる。〝盗み盗まれ〟成長していくのが、トヨタの文化です。

情報共有はさまざまなかたちで行われます。Comparison05でも紹介するインフォーマル活動はその一つ。トヨタには職制や出身地、入社形態などをベースにした集まりが多くあり、連携や親睦を図るためのレクリエーションや勉強会などを実施しています。

それらの場で情報交換を進め、良い取り組みは持ち帰って試してみる。そのまま採り入れるのが難しければ、職場に合ったかたちにアレンジしてみる。そんな具合に工夫しながら、職場に定着させていきます。

会社主催の技能コンテストも重要な情報共有の場です。全国大会の会場では、各現場の優れた改善アイデアがパネル展示され、メモを取ったり写真を撮ったりする人であふれています。

社内で生まれた特別優秀な施策が集まっているわけですから、当然注目度も高い。ここからもさまざまなアイデアが全国の作業現場に広がっていきます。

仕事のノウハウは苦労の末に生み出されたものが多いもの。安易にオープンにすることに抵抗がある人もいるでしょうが、トヨタパーソンはそうは考えません。トヨタの生産ラインで求められるのは、誰がやっても同じ結果を生み出せる優れた作業法。それを通じて原価低減に寄与することが重要なのです。

したがって、トヨタでは職場の総合力が高まるしくみを考えた人ほど貢献度が高いと見なされます。そんな組織風土だからこそ、良い情報もトラブルなどの悪い情報も部署の垣根を越えて積極的にシェアされていくのです。

情報共有は「現地現物」が鉄則

ヨコテンの本質は、現場で得られた成果を社内に広げ、効率的に組織の底上げを図ること。トヨタには現場から改善案がどんどん生まれるような仕掛けがあります。たとえば「創意くふう提案制度」は、業務の改善策を職場に提案すると、内容に応じて報酬が出る制度。金銭的な見返りに加え、自身のアイデアが職場に根づくことが、社員のモチベーションを大いに刺激します。

さらに規模の大きい改善活動もあります。各工場の製造課が開催する「現場改善発表会」は、生産関係の役員や各工場の部次長らも出席する発表会。本番の半年ほど前から職場で研究会を立ち上げ、活動に予算をつけて準備を進めます。人、時間、金という各種のリソースを使って、比較的大型の改善案を生み出すことが期待されているのです。

もっとも、役員クラスは定期的に工場視察に訪れており、そこで何か良い報告をしようと、トヨタの現場では日々新しいチャレンジが進められています。さまざまな機会に発表された先進的なアイデアは、社内ポータルサイトなどを通じて、各現場に広まります。すると現場の上司たちは、「あそこの工場を見てこい」と部下に視察を命じます。各職場が他現場の取り組みを「現地現物」で勉強することで、成果が多方面に広く伝わっていくのです。

そのまま「ヨコテン」はプライドが許さない

「見たままでなく、知恵をプラスアルファして報告せよ」

他の職場の事例を自分の職場に持ち帰って報告するとき、トヨタでは必ずこんなことを言われます。ありのままを報告すると、「人がやったことではなく、おまえの意見を聞いているんだ」と怒られます。

なぜここまで厳しく追及されるのでしょうか。「考えることを放棄するのはトヨタパーソン失格」という社風もありますが、職場同士の競争意識の強さも関係しています。

「たいていのトヨタパーソンにとって、誰かがやったことをそのまま採り入れるのはプライドが許しません。他の現場ですごい取り組みを見せてもらったとき、心の中

ポイント解説
部署の垣根を越えて共有する

では負けるものかと思いながら聞いています。逆に視察に来られた側は、『俺たちすごいことをやっているんだな』と自分たちの活動を誇りに思い、モチベーションを高めます」（ＯＪＴソリューションズ・高木新治トレーナー）

同僚から刺激を受けながら、切磋琢磨するのがトヨタの文化。「アイデアを盗む」とは、同僚に教わった改善案をさらに磨いて採り入れることに他なりません。視察先はアイシンやデンソーといったグループ会社にも及びます。視察した社員は、出張先での学びを職場にどう生かすか、具体的な報告を求められます。トヨタは相手が誰であろうと強い競争意識を持っている会社なのです。

成功事例に限らず、失敗もヨコテンの対象になります。作業員が怪我をした、工場のダクトから出火したなど、現場で大きなトラブルが発生すると、トヨタではさまざまな職場のリーダーが視察に訪れます。他の現場の失敗から自分の職場環境を見直し、改善を図る。これも立派なヨコテンです。

トヨタ社員は、誰もが同じような発言をすることから「金太郎飴」と指摘されることがありますが、現場レベルで見ても、どの工場でも同じことが徹底されています。これも、アイデアをオープンにして組織の総合力を高めるヨコテンの成果なのです。

トヨタ流「ヨコテン」の極意

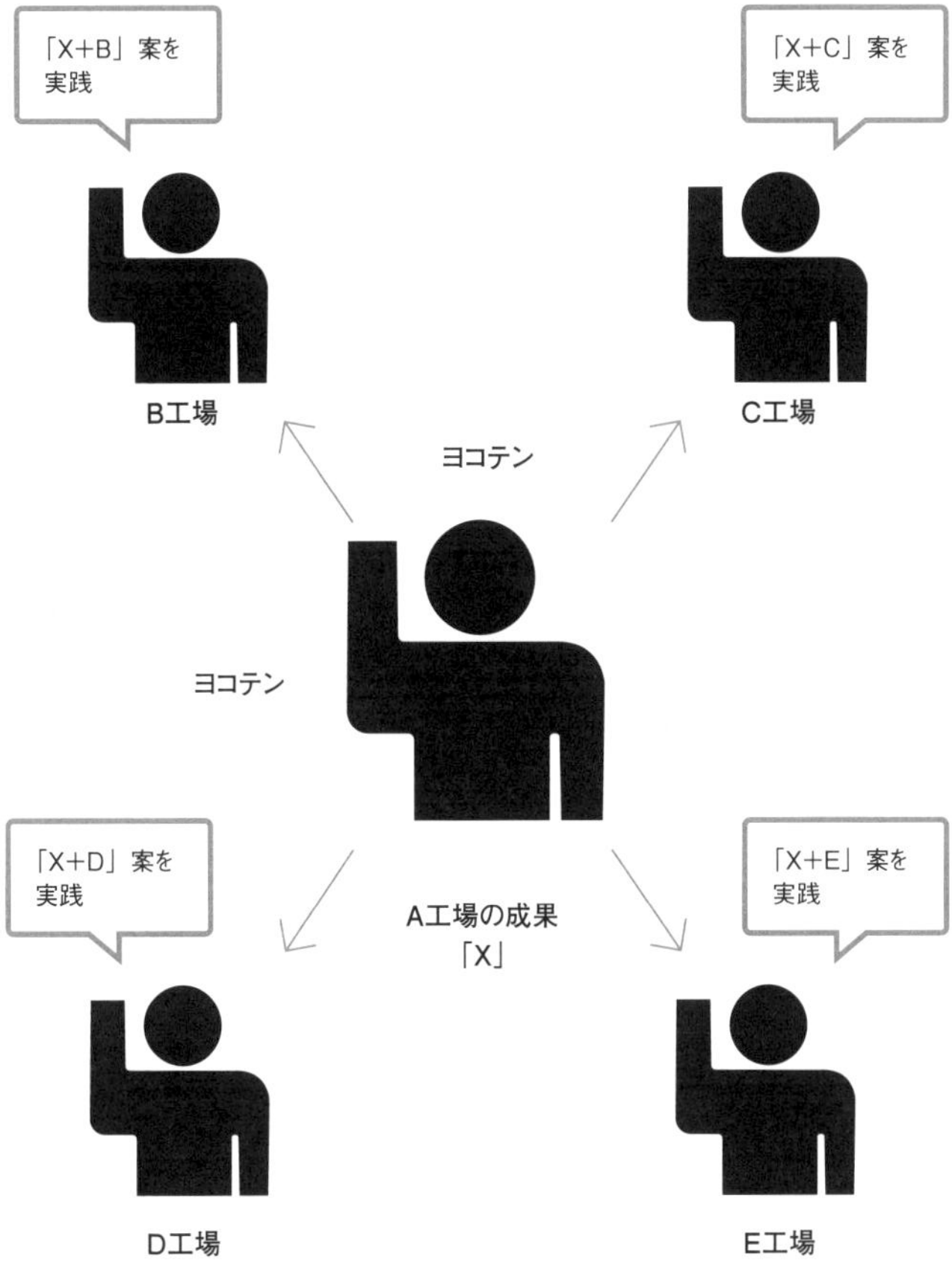

知恵をプラスアルファして採り入れる

03　情報共有②　比較

Google流

全社員でミーティングする

グーグルの全社員ミーティング「TGIF」は、世界中のオフィスをライブでつなぎ、研究・開発が進むサービスや技術について共有する場。創業者や経営トップらも参加し、その週の自身の仕事や経営に関する考え方を発表。社員からの際どい質問にも正面から答える。この機会を通じて各社員は、「自分たちは組織のあらゆる情報を把握しており、思ったことがあれば役員相手にも言うことができる」と実感し、グーグルのフラットな組織文化はどんどん強固になっていく。

トヨタ流

部署の垣根を越えて共有する

現場で生まれた成果をすぐに横展開（ヨコテン）するのが、トヨタの文化。自分の持ち場の成果を全社的に共有するだけでなく、他の職場の成果も積極的に採り入れる。そうした切磋琢磨を通じて、組織全体を成長させている。ただし、トヨタパーソンは常にプラスアルファの改善を求められるため、他人のアイデアをそのまま受け入れるのはプライドが許さない。他の現場の良い取り組みを自分なりにアップデート、アレンジした上で職場に採り入れる。

13 / 04

Comparison

プロジェクト進行

▼

Google流

「部活ノリ」でプロトタイプをつくる

×

トヨタ流

「社風」でプロトタイプをつくる

アイデアを「現物」にすると話が進む

あらゆる場面でコミュニケーション効率を高め、意思疎通や意思決定の円滑化、加速化を図るのがグーグルの流儀。新しい企画について話し合うときも、試作品を用意してからチームメンバーと意見交換を始めることが少なくありません。口頭でイメージを伝えるより、モノを用意したほうが、話がスピーディーに進むからです。

今や世界の名だたる企業で取り入れられているグーグル発の仕事術「スプリント」(Comparison10で詳述)。その生みの親であるジェイク・ナップ氏は、自身のアイデアを試作品に落とし込み、後に実用化された過程を自著で次のように綴っています。

〝(僕は)ウェブブラウザ上で動作するビデオ会議ソフトのアイデアを試すために、ストックホルムのグーグル社員、セルジュ・ラシャペルとミカエル・トラッジの2人を訪ねた。3人で必死に作業を進め、僕が滞在していた数日間で、動作するプロトタイプを完成させた。僕らはそれを同僚にメールで配布し、自分たちのミーティングでも使い始めた。数か月たつと、ソフトはグーグル中で使われていた(開発と改良を重ねたものが、のちに『グーグルハングアウト』として公開された)〟

Google

※『SPRINT　最速仕事術』（著・ジェイク・ナップ、ジョン・ゼラツキー、ブレイデン・コウィッツ／訳・櫻井裕子／ダイヤモンド社）より

このビデオ会議ソフトも、テキストや口頭ベースで社内にプレゼンすることから始めていたら、実現にかなりの時間を要したことでしょう。話を受ける側も、「こんな斬新なアイデアがある」と言葉で聞かされただけで、目の前に存在しないものをクリアに想像し、的確に意見を述べることは難しいものです。

その点、精巧さはどうあれ目に見えるものがあれば、好き嫌いや要・不要を直感的に判断できます。それに基づき、アイデアの良し悪しについて意見を述べられますし、リーダーも意思決定がしやすくなり、プロジェクトのスピード感も高まります。

さらに、現物を通じてコンセプトや機能を共有できれば、メンバー間で認識のずれが生まれず、プロジェクトが進行した場合も作業の修正が少なくて済みます。こうした利点があるため、グーグルにはプロトタイプをつくる文化が定着しているのです。

面白いアイデアがあれば、賛同者を募り、「20％ルール」などを利用してつくってしまう。まさに部活のノリのようなフットワークの軽さですが、そこが思いつきで終わるかイノベーションを起こすかの分かれ目と言えるでしょう。

模型やスケッチでサービスの概要を示す

プロトタイプと聞いて、限りなく完成品に近いものを想像される方もいるでしょう。顧客に見せる段階ではリアリティーが必要ですが、社内へのアイデア提案であれば、完成度は問われません。むしろ、優先すべきは素早くイメージを共有すること。プロトタイプづくりは時間をかけるべきところではないのです。

プロトタイプのつくり方にはいくつかのパターンがあります。

まずは模型タイプ。ガジェット製品や店舗デザインなど有形のサービスを視覚的に伝えるときには、簡易な模型や人形が適しています。たとえばタブレット型PCのアイデアを思いついた場合。

「スマホよりも大きくノートPCよりは小さく、高さ20センチ程度。見やすさと手軽さを両立したガジェット機器です」

こう言われたら、どうでしょう。意味はわかるものの、訴求力のあるプロダクトかどうかを想像するのは難しいのではないでしょうか。ならば、拡大したスマホの画像を貼り付けた実寸大のボードを用意すればいい。モノがあれば、プレゼンを聞いている人もサイズ感がわかるし、利用シーンを思い浮かべながら意見を言えます。

今なら手軽に発注できる3Dプリントサービスもありますが、段ボールや発泡スチロール、木製のブロックなどで手づくりしたものでも問題ありません。また、模型が必要ないサービスであれば、紙でもOKです。

たとえば地図アプリなら、スマホ大のボール紙を用意し、自らデザインした簡易なビジュアルを貼り付ける、あるいは類似サービスの画面を印刷して切り貼りし、イメージをつくるのもいいでしょう。

他方、体験型のサービスは造形物を用意してもなかなか伝わりません。この場合は、想定しているサービスの流れをスケッチ（簡易なビジュアル）で提示するのが適切です。たとえば、有人改札の鉄道に自動改札機の導入を提案する場合。

①改札に自動機が並んでいる様子
②改札機には切符や定期券の挿入口があり、両端の扉は開閉式
③利用者が切符を挿入すると、扉が開き、通過できる
④利用者が通る様子を脇から駅員が確認している
⑤挿入された切符などに問題があれば、扉が閉まり、駅員に通知が届く

このように一連の流れをビジュアルで示せば、聞き手も内容の理解が進みます。ちなみにスケッチで絵のうまさは問われません。単語やボックス（枠）、矢印などを組み合わせて簡単なビジュアルをつくるだけです。

その手軽さゆえに幅広く使えるのがスケッチの強み。サービス内容によっては、スケッチと模型をセットにしてプレゼンするのも有効です。

「完璧」を目指さず、未完成で市場に問う

プロトタイプベースのプレゼンは、アイデアが有用かどうかを素早く判断するために使われます。なぜスピード感が求められるのかと言えば、現代はサービスの流行《はや》り廃《すた》りが激しく、アイデアがすぐに陳腐化してしまうからです。

行き過ぎた完璧主義では時代に取り残されるのが落ち。そんな事態を避けるためにも、アイデアは下手に温めず、スピーディーにユーザーに届けることが不可欠です。

iPhoneを考えてみてください。今から見れば、初期製品はバッテリーの性能などに問題がありました。時間をかけてじっくりつくり込めば、初期のバージョンは日の目を見ることはなかったかもしれません。

けれどもスティーブ・ジョブズ氏は、改良の余地がある状態で市場に製品を投入しました。それに対し、ユーザーはさまざまな反応を示し、アップルはそれらの声を生

かしながら短いスパンで改良を重ねていきました。

一般的には、パーフェクトな状態で製品をリリースしないとブランド価値を損ねてしまうと考えられています。けれどもiPhoneの場合、多くのユーザーは「次はどう進化するのだろう」とそのステップアップを楽しみ、新作発表も一つのエンターテインメントとして受け止められました。

一連のアップルの進め方を拙速と見る向きもあったでしょうが、結果だけ見れば、ジョブズ氏の決断は時宜を得たものであり、正しかったのです。

グーグルもかつて、「グーグルラボ」というサイトで社内の新技術を一般に公開し、ユーザーのフィードバックを得ながらサービス化を進めていました。サイトは2011年に閉じられましたが、「答えはユーザーが知っている」という思想は受け継がれ、先述した「スプリント」などにも採り入れられています。

「リアリティーのあるフェイク(試作品)」を用意し、ユーザーのフィードバックを得ながら最短距離でゴールを目指す。社内向けのプレゼンでも、まずはプロトタイプを用意し、プロジェクト化を早め、陳腐化する前にアイデアを市場に届ける時間を確保する。これが変化の激しい時代に求められるスタンスなのです。

トヨタは「議論せずにまずはやってみる」

大衆車メーカーだったトヨタが高級車路線に参入したのが1989年。ラグジュアリーブランド「レクサス」です。「異次元」「圧倒的」「驚異的」——。デビュー前にフランクフルトで開かれた国際試乗会では、「ジャーマン3(メルセデス・ベンツ、BMW、アウディ)」とも乗り心地を比較したであろう多くのジャーナリストから、次々と絶賛の言葉が飛び出しました。

業界を驚かせたレクサスの誕生の裏には、トヨタらしさに富んだ逸話があります。今から30年以上も前のこと。あるトヨタパーソンが、走行性と静粛性の高さを両立する画期的なエンジンのアイデアを思いつきます。

その先進性は社内でも前向きに受け止められるかと思いきや、一部の部署から反対の声が上がりました。開発の難易度があまりに高く、量産体制を敷くことが難しいと判断されたのです。

諦められなかった彼は、そのエンジンを1台だけつくらせてほしいと懇願。そうして完成したエンジンをクルマに載せたところ、驚くべきパフォーマンスを発揮したといいます。それをきっかけに社内の風向きが変わり、エンジン開発のプロジェクトは一気に進行、レクサスが誕生したのです。

トヨタ自動車の創業者、豊田喜一郎氏は、「議論を先にすることをやめた」と現場でよく口にしていたそうです。事前に議論を重ねても、話し合った通りの結果を導き出せないことがよくある一方で、議論せずに行動を先行させたものほど、なぜか最終的に望ましい結果を得ることが多い。だからこそトヨタでは、アイデアがある人間は「まずはつくってみる」という姿勢が重視されるのです。

こうした動きは社内にとどまりません。あらゆる業界で事業環境が激変する中、トヨタでは従来より格段に他社との連携（他領域の企業との連携を含む）を重視するようになっています。これも「まずは行動して、結果をみて柔軟に軌道修正」という姿勢の現れといえます。

これらの新しい動きに対し、目に見えて意義がある、あるいは自分にメリットがあるということが明確にわかれば、周囲は協力的になります。そうした結果を導くには、まずはアイデアを目に見えるかたちにする。これがトヨタの鉄則です。

「アイデアを出したくなる」組織づくり

アイデアが浮かんだらプロトタイプをつくる――。社員がこうした行動に出るかどうかは、言ってしまえば組織の風土で決まります。

トヨタでは、口だけ達者で手を動かさない〝批評家〟は相手にされません。文句を言うなら代案を用意するのが当たり前。提案に際して説得材料となるプロトタイプをつくるのは、トヨタパーソンにとっては普通のことです。

トヨタは「仕事」の考え方も独特です。トヨタでは、ムダの発見や改善などを通じて業務を効率化すること、あるいは挑戦を通じて新しい価値を生み出していくことを「仕事」と見なします。トヨタには「仕事＝作業＋改善」という言葉もあり、決められた内容を淡々とこなしているだけでは仕事をしているとは見なされないのです。

それゆえ社員は、常に職場の改善案や付加価値を生み出すアイデアを考える。妙案が浮かべば何かしらの〝現物〟を提示しながら上司にプレゼンする――。これがトヨタの文化です。

規則と違って、文化や風土は組織の人間の能動的な行動によって形づくられます。

新しいアイデアを常に考え、積極的にかたちにする——。これがトヨタの文化たり得るのは、その行動にモチベーションを感じているトヨタパーソンが多いことの表れと言えるでしょう。

トヨタの元整備士・原マサヒコ氏は、改善のアイデアを競う社内イベントを例に挙げながら、社員の能動性を引き出すトヨタの組織づくりのうまさについて自著で次のように説明しています。

〝一般的な企業でもよくアイデアを出す取り組みが行われていますが、現場の人に話を聞くと「今月中に3つ出さなきゃいけない」「忙しいのになんでこんなことをしなければならないのか」などといった不平不満をよく耳にします。

しかし、トヨタのそれはあくまでイベントであり、「大会」です。参加すると賞賛が得られるということで、モチベーションを高く持ちながらアイデア出しに取り組んでいるのです。「出さなければならない」ではなく「大会に勝つためにアイデアを出したい」になっているのがポイントでしょうか。

こうなると、意識的に日常業務の中で「何かいいアイデアはないか」と探し始めます〟

※『Action! トヨタの現場の「やりきる力」』(著・原マサヒコ/プレジデント社)より

大会で勝ちたいから。技術力をアピールしたいから。こんなものがあったら人生が楽しくなると思うから。思いはさまざまですが、トヨタはコンテスト形式のイベントで社員のモチベーションを刺激し、社内全体でアイデアを磨く機会を生み出していきます。そして、それが文化として社内にしっかりと根づいているのです。

トヨタのインフォーマル組織である「トヨタ技術会」が主催する「アイデアオリンピック」は、全国の部署が持ち前の技術を生かした作品で競い合います。すでに40回を超える伝統的なイベントで、出展作品には面白いアイデアがずらり。車体からエンジン型の乗り物が飛び出すクルマやタイヤ型のクルマ、左右12本の足で歩行が可能なクルマなど、オリジナリティーが光ります。

重要なのは、机上のアイデアのプレゼンではなく、きちんと作品にしていること。モノがあるからこそ、つくり手の狙いがきちんと伝わるし、見た人はそこから新しい製品のヒントを得たり、技術を学んだりすることができるのです。

アイデアがあれば、ダラダラ議論せず、まずはプロトタイプを用意する。そんな組織文化をつくるにはどうすればいいのか。トヨタに学ぶなら、イベントを開催するなど社員にアイデアを具現化する機会を与えることでしょう。ただし安易なノルマ化はご法度です。規則に縛られ、社員の能動性が失われてしまっては元も子もありません。

「良いアイデア」がたくさん集まるのはどっち？

A

新サービスの アイデアを競う社内コンテスト

【POINT】

・自社のリソースを使って自分のアイデアを試せる
・良いアイデアは表彰される
・結果を出せば社内での見られ方が変わる

VS

B

新サービスの アイデア出しをノルマ化

【POINT】

・ルールなので必ずやる
・アイデアの引き出しを増やす努力をする
・本数を出す力は養われる

▼

トヨタは「A」で社員の積極性を引き出す

04 プロジェクト進行　比較

Google流

「部活ノリ」でプロトタイプをつくる

プロトタイプがあれば、誰もが具体的な意見を述べられるし、リーダーも意思決定がしやすくなる。また、アイデアの意図についてメンバー間で認識のずれがほとんど生まれないことから、プロジェクト化したときに作業がスムーズに進む。こうした利点があるため、グーグルには「まずはプロトタイプをつくる」ことが文化として定着。新しいアイデアがあれば、部活ノリのようなフットワークの軽さで試作品を用意する。

トヨタ流

「社風」でプロトタイプをつくる

行動する前に議論を重ねても、話し合った通りの結果になることは少ない。その一方で、議論せずに行動を先行させると、望ましい結果を得ることが意外と多い。だからトヨタでは、「まずはやってみる」という姿勢が重視される。アイデアがある人間は「まずはつくってみる」。社内のアイデアコンテストなどが、アイデアの具現化を後押しする。口ばかり動いて、手が動かない人間は、トヨタでは相手にされない。

13

05

Comparison

社員コミュニケーション

▼

Google流

「食べ物」でコミュニケーションをとる

×

トヨタ流

「距離」でコミュニケーションをとる

良い雑談を生み出す、食堂の"真"の役割

職場の環境が生産性に大きく影響することは、今や周知の事実。ＩＴ業界を中心に、先進的なオフィスを構える企業はどんどん増えています。

かのスティーブ・ジョブズ氏も、オフィスデザインに並々ならぬ意欲を燃やした一人。たとえばジョブズ氏が構想に参画したピクサー本社ビルには、彼の価値観が強く反映されています。

この施設は入館してすぐに「アトリウム」と呼ばれる中央スペースが広がり、各種のオフィスや会議室、カフェ、映画鑑賞ルームなどに通じています。

設計の狙いは、「偶然の出会い」と「自然発生的なコラボレーション」。

イノベーションは、廊下で偶然出くわしたときや、新しいアイデアを思いついて夜中でも電話し合うときなどに生まれる。そう考えたジョブズ氏は、この施設にピクサーの全社員を集め、社員同士や社員と訪問者との偶然のコラボレーションを誘発しようとしたのです。

予期せぬ出会いの増加を期待して、トイレを一つにすることにもこだわったという

から驚きです。

交流を通じて創造性を刺激し合い、イノベーションを生み出していく。ジョブズ氏が大切にしたこの価値観は、グーグルにも採り入れられています。

食堂やカフェテリア、ミニ・キッチン。グーグルではこれらの飲食スペースに、オフィスのどこからでも150フィート（約45メートル）でたどり着けるように設計されています。社員同士が顔を合わせて雑談する機会を創出するためです。

人が集まりやすくするための工夫は、配置以外にもあります。料理をつくるのは、社員の健康増進をミッションとする専門のフードチーム。彼らは厳選した素材を用いて、毎日バラエティー豊かなメニューを用意しています。仕事が忙しいとコンビニに行くことすら面倒に感じるもの。近場で栄養価の高い料理が無料で食べられるとあれば、足が向くのも当然です。

コロナ以前は、グーグルの食堂やカフェテリアは多くの社員で賑わっていたといいます。普段関わり合いのない社員同士が顔を合わせ、質の高い雑談を通じてアイデアを共有する。そこで互いに新たな視点を獲得し、仕事の創造性を高めていくのです。

社内動線をコミュニケーションの拠点に

建物の物理的特徴が人間の接触頻度やコミュニケーションにどんな影響を与えるのか。心理学の世界にはさまざまな研究がありますが、スティーブ・ジョブズ氏やグーグルの共同創業者セルゲイ・ブリン氏に影響を与えたと言われるのが、心理学者レオン・フェスティンガーが１９５０年に実施した実験です。

フェスティンガーは、マサチューセッツ工科大学内のウェストゲートアパートメントで数カ月暮らす学生に、アパート内の親友を挙げてもらいました。結果は、階段や入り口、郵便受けのそばに部屋がある学生は、別の部屋に暮らす学生よりも友人を多く持つことを示しました。

注目すべきは、その友人関係には個人の価値観や信念はあまり影響していなかったことです。単に入り口や郵便受けなど誰もが利用する場所の周辺がたまり場となりやすく、そこへのアクセスが容易な人ほど、友人を多く持つようになったのです。

これをオフィスで考えてみるとどうなるか。たとえばコピー機は誰もが日常的に利用する設備で、その設置場所にはさまざまな社員が集まります。そのため、コピー機の近くにデスクのある人は自然と多くの人の目に触れることになり、待ち時間にコミュニケーションを交わすこともあります。

単にコピー機の近くに座っていただけですが、その結果として社内で顔が広くなる。これは驚くことではありません。

コピー機の他にも、給湯室、ロッカー、菓子置き場など、オフィスには人が集まる場所がたくさんあります。こうした性質を利用して、社内コミュニケーションを活発化させることも可能です。

ある半導体メーカーのオフィスのフロアには、社員がよく通るルートが二つありました。カフェテリアに向かう動線とトイレに向かう動線です。それを発見した新任の部長は、二つの動線の交差点となる場所に自らのデスクを配置し、社員とのインフォーマルなコミュニケーションを活発化させたそうです。

注目すべきは、この部長が自分に用のない社員との接触を増やしたことです。目的を持った話し合いは、内容が想定の範囲にとどまりがちです。出すべき答えが決まっていたり、結論を出さなければならないという制約があったりするためです（もちろんそれが目的の場合は問題ありません）。

その点、目的なく顔を合わせた人同士の会話は極めて気楽です。趣味や週末の過ごし方など、本業とは関係ない話題もたくさん出てきます。

そんなその場限りの雑談が、新しいアイデアを生み出すことは珍しくありません。似たような人間同士で固まるより、異なる価値観を持つ人と交流したほうが創造性は高まります。常識は人それぞれであり、自分にとってささいな物事が、他人には新鮮に映ることもあるのです。

組織を活性化させるには、人材の多様性を確保すると同時に、価値観の異なる人間同士が顔を合わせる機会を積極的に創出することが重要です。

それを誘発する場がグーグルのオフィスにはたくさん設けられています。食堂はもちろん、スポーツジムやバスケットボールコート、ビリヤード台や卓球台が置かれた遊技場にゲーム部屋。グーグルの元トップエンジニアの井上真大氏が最も驚いたのは、グーグル本社にあるボウリング場だとか。

グーグルの社風は〝大学の研究室のノリ〟と言われます。仕事の合間に雑談を楽しむ彼らの姿はまさにキャンパスライフ。一見、遊んでいるように思えるかもしれませんが、実はその時間がイノベーションの芽を育んでいるのです。

社員同士の連携を促すグーグルの施策

社内のどこからでも45メートル以内でアクセス可能

飲食スペース

チームA
×
チームB

チームC
×
チームD

チームE
×
チームF

フードチーム

専門のフードチームが栄養価の高い料理を提供。社員は無料で食べられる

飲食スペースでは、職種や所属チームが異なる社員同士が食事をしながら雑談を楽しんでいる

「タテ・ヨコ・ナナメ」の人間関係を築く

日本企業は上下関係を中心に組織化されるのが一般的。大所帯になるほど縦割りのセクショナリズム（自部門優先意識）が生まれ、横の連携が悪くなりがちです。日本一の大所帯であるトヨタは、この問題にどう向き合っているのか。その答えは、充実した社内イベントやインフォーマル活動（社内団体活動）から見えてきます。

同好会など非公式団体がある企業は珍しくありませんが、トヨタはその種類がとにかく豊富。技能職で組織する「三層会」や、トヨタ工業学園の卒業生が集う「豊養会」。こうしたコミュニケーション組織が、出身地、入社形態、職制などの属性別に存在し、社内に網の目のように張り巡らされています。

それぞれの組織が懇談会や講習会を開催するなど、年齢や部門を超えて社員同士が交流できる場として機能しています。

また、全社的なイベントも非常に活発です。その象徴が「社内駅伝」。２０１９年には５６６チーム、国内外から約４５００人の社員ランナーが参加し、社員の家族なども含め3万５０００人が集結。まさに全社を挙げた一大イベントで、部門を超えて社員の一体感を醸成する場と言えます。

トヨタはなぜ「タテ・ヨコ・ナナメ」の人間関係の構築にこだわるのでしょうか。職場の一体感の醸成などさまざまな理由がありますが、情報を水平展開して組織の成長につなげたり、現場同士の連携を良くしたりすることもその一つです。

ある現場で効果が出た取り組みを別の現場も採り入れる。それをトヨタでは「ヨコテン(横展開)」と呼び、良い改善をした社員は上司から「ヨコテンしたか?」と必ず聞かれるほど、水平展開の徹底が求められます(Comparison03で詳述)。

その際、他の工場に顔見知りがいれば、気軽に成果を報告できます。連絡を受けたほうも素早く上司と共有し、すぐに成功現場を見学することができます。

トラブルや不具合が起きたときも同様です。持ち場の外に顔見知りがいれば、知恵を借りられたり、対処の準備してもらったりすることが可能になりますし、連絡を受けた人が現場を視察し、自部署での発生抑制につなげられたりもします。

ヨコやナナメの関係が充実するほど、多方面に素早く情報が伝わり、改善や成長、トラブル対応などがスピーディーになる。いわば外の人脈は業務上の〝潤滑油〟。これがあるとないとでは、仕事の進み方がまるで違ってくるのです。

組織化してインフォーマル活動を継続

「トヨタのインフォーマル団体は運営が見事に組織化されています。体系図や進行表、行事一覧、運営計画などが揃っていて、新しく団体の役員になった人に引き継がれるのです」

OJTソリューションズの高木新治トレーナーは、トヨタ時代のインフォーマル活動をこう振り返ります。部活、サークル、同好会、勉強会。これらの自主的な活動は、参加の自由が認められる一方、仕事のような強制力がないため、組織を継続させる難しさが常につきまといます。

仕事の忙しさから、徐々に集まりが悪くなり、同好会が自然消滅……そんなケースも珍しくはありません。それではせっかく生まれかけたヨコのつながりも途絶えてしまいます。

トヨタにならえば、インフォーマル活動であっても、組織化し、マネジメントのしくみを整えることが継続の秘訣だと言えそうです。それと同時に、インフォーマル活動での人間関係が本業の大きな助けになることを参加者に伝えていくことも重要でしょう。

「離れ小島」をつぶし社内連携を高める

インフォーマル活動は、縦割りなどの組織構造に由来するコミュニケーション不全を解消する一つの手立てです。一方で、組織のコミュニケーション不全は、労働環境の物理的な構造が障害となって起こるケースもあります。要はオフィスや作業現場の設計や配置が悪く、会話がうまくいかないケースです。

トヨタの元副社長・大野耐一氏は「離れ小島をつくるな」とよく口にしていました。長年にわたり改善を重ね、少人数で一定の生産量を確保してきたトヨタにとって、現場のチームワークは命綱。知恵を出し合い、常に協力し合う体制にするには、「離れ小島」をつくらない、すなわち声を上げれば届く距離に相手がいる配置が不可欠というわけです。

トヨタ出身の実業家である若松義人氏の著書には、こんなエピソードが紹介されています。とある会社の工場では、ベルトコンベアが1階から2階に上がり再び1階に下がるという、長く複雑な生産ラインが使われていました。

あるときトヨタ式をベースに改革を進め、2階のラインを1階に統合。作業員を同じフロアに集中させ、改善を重ねてラインも短縮。すると、現場のコミュニケーション効率がぐんと高まり、改革が一気に進んだといいます。

現場にせよオフィスにせよ、空間的な要因で意思疎通に齟齬が生まれているのであれば、職場のコンパクト化が必要でしょう。オフィスワークであれば、連携の多い社員同士のデスクを近づける、連携の多い部門間のパーテーションを取り払う、といった施策が有効でしょう。言葉を交わせる距離に社員を配置することが欠かせません。

「離れ小島をつくるな」という注意は現場の配置の問題を指摘したものですが、視点を変えればインフォーマル活動にも通じています。インフォーマル活動は、組織の縦割りによって各現場の「離れ小島」化が進み、情報が滞留することを解消する試みとも言えるからです。

2011年に産業能率大学が実施した「ビジネスパーソンのコミュニケーション感覚調査」によれば、職場で孤独を感じると回答した人は6割超。人間関係の希薄さは、社員同士の助け合いや情報共有の機会を奪います。

トヨタは、物理（空間）的にも制度的にも社員同士が顔を合わせる機会を創出し、社員やチームの孤立化・孤独化を防いでいます。それが連携の強化を生み、組織の成長を下支えしているのです。

社員同士の連携を促すトヨタの施策

物理的な距離を近づける

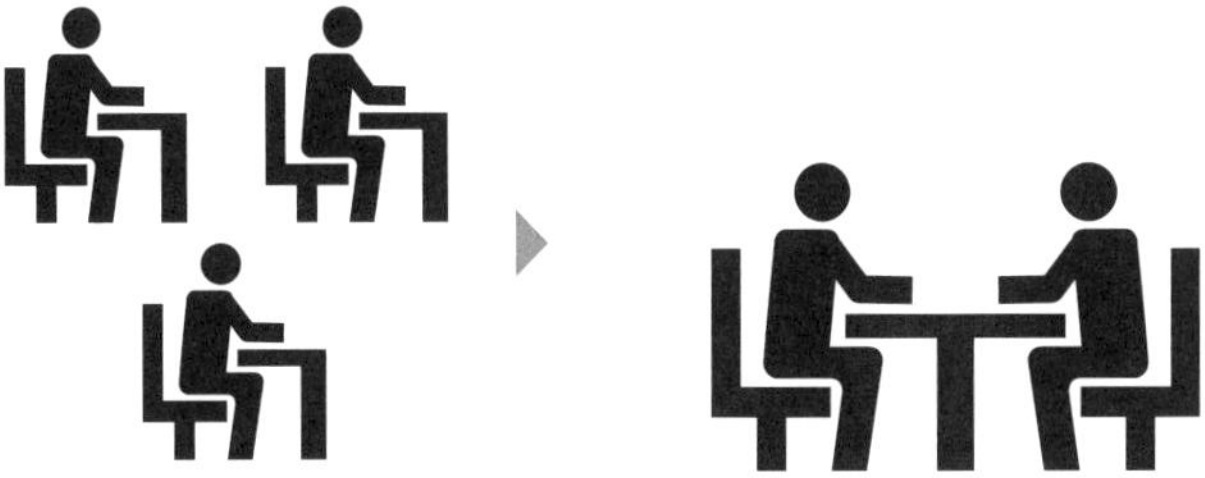

横串で距離を近づける

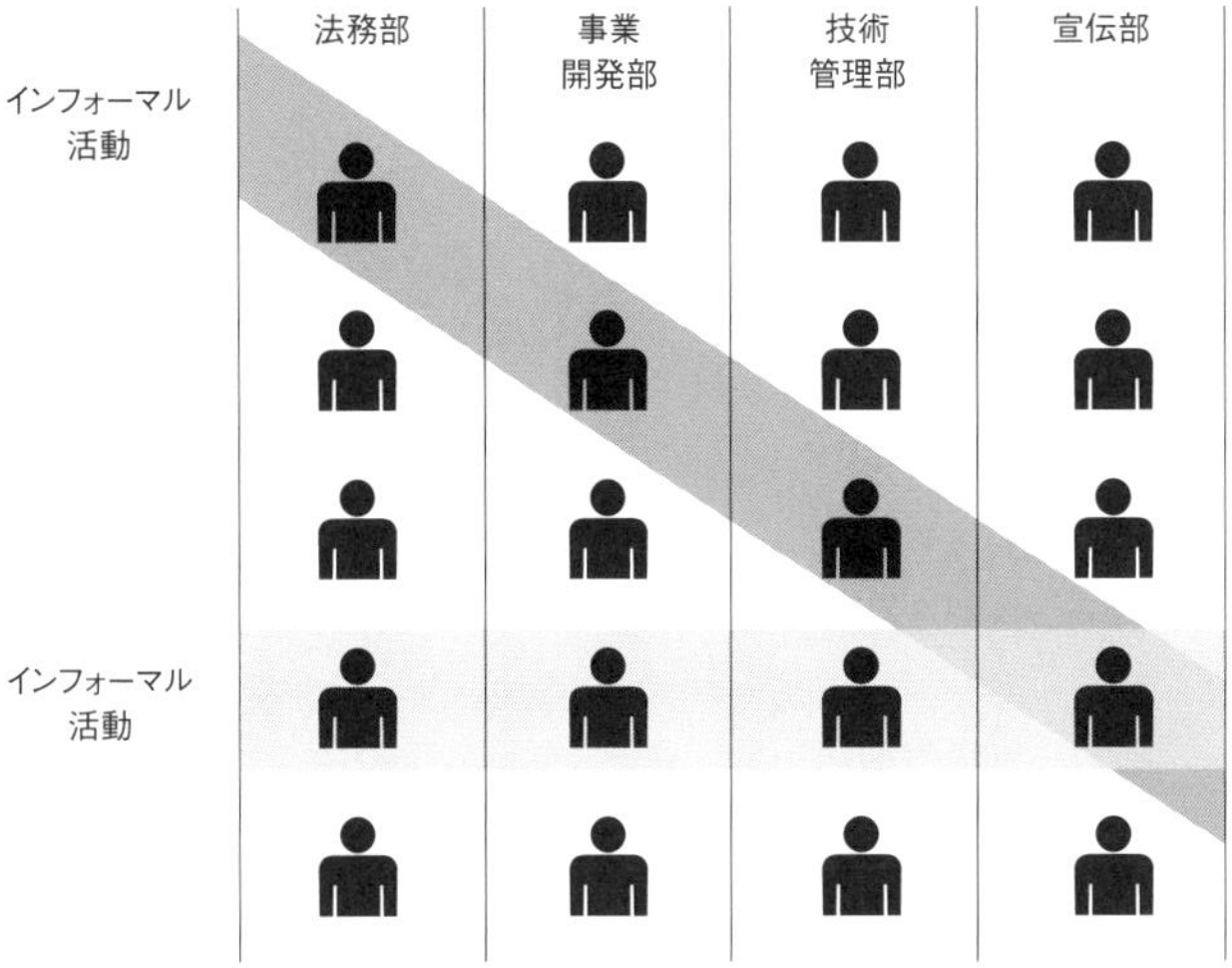

05　社員コミュニケーション　比較

Google流

「食べ物」で
コミュニケーションをとる

グーグルの食堂やカフェテリアは、オフィスのどこからでも150フィート（約45メートル）でたどり着けるように設計されている。その狙いは、社員同士が顔を合わせて雑談する機会を創出するため。オフィス内のインフォーマルなスペースを充実させ、社員同士の「偶然の出会い」と「自然発生的なコラボレーション」を促す。それがやがてイノベーションの芽になる。

トヨタ流

「距離」で
コミュニケーションをとる

作業員の持ち場が点在しているようでは、コミュニケーションに齟齬《そご》が生まれ、仕事もスムーズさを欠く。だからトヨタでは、「離れ小島をつくるな」を合言葉に、人と人とが顔を合わせられるコンパクトな現場づくりを心がける。また、組織の縦割りが進み、横の連携が悪くならないよう、部門を超えて社員同士を交流させるインフォーマル活動にも力を入れる。これも各部門を「離れ小島」にしないための一手。現場と制度の両面から社員同士が密につながる施策を打つのがトヨタ流。

13/06

Comparison

モチベーションアップ

▼

Google流

「個人」を動きやすくする

×

トヨタ流

「みんな」を動きやすくする

社員を創造的&革新的にする20%ルール

人の「やる気」は〝アメとムチ〟では引き出せない――。そう喝破したのは、2010年刊行の『モチベーション3・0』（著・ダニエル・ピンク／訳・大前研一／講談社）。人間の行動を支えるしくみを科学的に分析した話題の書です。

モチベーション2・0：外的な報酬や罰から生み出す行動のエネルギー
モチベーション3・0：活動そのものから生じる満足感を求める内的なエネルギー

同書はモチベーションを右記のように定義。大量生産・大量消費社会では「モチベーション2・0」が効率的な生産活動に寄与したことを認める一方、あらゆる分野でコモディティー（汎用品）化が進み、「付加価値の創出」の重要性が高まっている現代では、「モチベーション3・0」が必要とされていると説きます。

自分の「好き」をエンジンにして仕事に取り組み、付加価値の高いアウトプットを生み出していく。グーグルの「20％ルール」はこれを地で行く制度です。

グーグルのエンジニアは、勤務時間の2割を自分で決めたプロジェクトに充てるこ

Google

とが認められています。日常業務に差し支えない限り、この権利はいつ行使してもいいことになっているのです。

なぜこうした働き方を推奨しているのか。グーグルがＩＰＯ（新規株式公開）時に発表した声明では次のように説明されています。

「自分の時間の2割をグーグルの利益になると思うことに費やすことで、社員はより創造的で革新的になれる。グーグルの重要な進歩の多くは、そうやって起きてきた。リスクの高いプロジェクトの多くは失敗し、（教訓的な）何かを教えてくれることが多い。しかし、成功して魅力的なビジネスになったものもある」（グーグルが２００４年に発表した「創業者からの手紙」より）

この短い言葉からは、グーグルが社員の自発的な行動に大きな価値を置いていることが読み取れます。

イノベーションは、指示待ちの姿勢やタスクのみをこなす日々からは生まれません。与えられた仕事からではなく、個人の強い関心や熱意に基づく行動から生まれるのです。その個人の自主性を後押しするしくみが「20％ルール」というわけです。

06

モチベーションアップ

20%ルールでイノベーションは生まれない？

「20%ルール」は日本でも注目を集め、採り入れる企業も出てきましたが、そこからインパクトの大きなサービスが生まれたという話は耳にしません。エリート集団のグーグルと他の企業では総合力が違うから？　そう考えるのは早計かもしれません。

グーグルニュースやグーグルマップの交通情報。数々の有名なサービスが20%ルールをきっかけに生まれましたが、こうした成功はほんの一握り。グーグルの元CEOエリック・シュミット氏は、「20%ルールがイノベーションにつながることはめったにない」と著書で明かしています。

けれどもグーグルの経営陣はそれを問題にしません。20%ルールの最も重要な成果は、新しいチャレンジによって学びを得ること。すなわち、社員が普段使わないスキルを学び、所属チーム以外の同僚と協働することにより飛躍的に成長することこそ、20%ルールがもたらす最大の価値だと考えているのです。

つまり経営側からすれば、社員の自主性を利用した教育プログラムのような制度と言えますが、一方、社員からすれば、仕事のモチベーションを維持するための重要な装置と言えます。

通常は、どんなに優れたアイデアでも、マネジャーや経営陣の理解を得られなければプロジェクト化することはありません。とはいえ、常に上層部が正しい判断をするとは限らない。良いアイデアが無理解な上司に潰されてしまうことはままあります。

そんな社内のヒエラルキーや上司の主観といったものから自由になることが、20%ルールの本質です。組織に貢献する活動であれば、いちいち上司の許諾を得る必要なく進められる。そんな権利が与えられていることに社員は安心感を覚え、働くモチベーションを高めるのです。

社員がこの制度を利用して新しいプロジェクトを始めた場合、上司は部下の邪魔をしないことが重要です。上司が20%のプロジェクトにまで介入すると、野心的な取り組みの勢いが削がれ、活動が中途半端に終わり、その結果、部下は失敗から得るものが何もない、という残念な事態を引き起こしかねません。

世界的な素材メーカーの3Mにも、業務時間の15%を自分の好きな研究に使うことを認める「15％カルチャー」という不文律があります。15％の時間で活動している社員に、上司が不満を漏らしたり叱責したりすることは禁止されています。グーグル同様、ヒエラルキーからの自由と社員の自主性の尊重を徹底しているからです。

グーグルが2009年に発表したコミュニケーションプラットフォーム「グーグルウェーブ」は、同社が大きくコケたサービスとして知られています。20％ルールのもとで開発が進められ、社内外で大きな注目を集めましたが、ユーザーに全く広がらず、プロジェクトは大失敗に終わりました。

けれども、プロジェクトメンバーは失敗を責められるどころか社内で引っ張りだこの存在になり、グーグルウェーブの技術はその後、グーグルプラスやGｍａｉｌに生かされています。

このプロジェクトが「良い失敗」として終われたのは、プロジェクトメンバーが自分たちの先進性を信じ、高いモチベーションで野心的な事業に挑戦したからでしょう。だからこそ価値の高い知見が得られ、その後の技術転用が実現しました。

創造的な人間にとって「自由」と「モチベーション」は、最高のパフォーマンスを発揮するための原動力。20％ルールはその両方を与えてくれる優れたしくみなのです。

20%ルールの本質は「自由」にある

通常業務

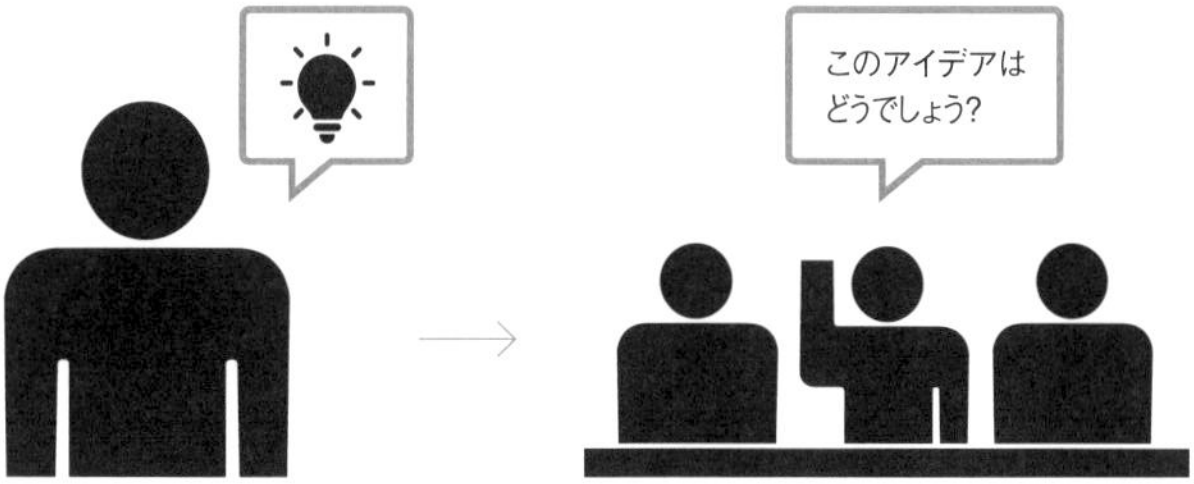

アイデアを上司に提案して採否を判断してもらう

20%ルール

良いアイデアを進めるかどうかは自分で決める

「努力が結果に結びつくしくみ」が必要

仕事に求めるものが多様化している昨今、部下のモチベーションをどう高めればいいか頭を悩ますマネジャーは多いことでしょう。

「一生懸命頑張っているのに、正しい結果が出ない。これが、モチベーションを阻害している最大の要因だ」。トヨタの元副社長・佐々木眞一氏は、あるウェブメディアの記事でこう指摘しています。「正しい結果」とは与えられた仕事を100パーセントこなし、それが正当に評価されること。至極当然のことのように思えますが、やるべきことをやったつもりなのに、上司から評価されないことは珍しくありません。

たとえばこんな状況です。

上司「手が空いたときに、先日のイベントの結果と分析を報告書にまとめてくれ」

部下「はい、わかりました」

部下はイベントのさまざまなデータを集め、多角的な分析を交えた詳細なレポートを2日かけて作成。自信を持って上司に提出したところ、どうも反応が思わしくない。

上司「うーん……こんなに手をかけなくていいから、もっと早くつくってほしかったんだよなぁ。部長に簡単な現状報告をするだけなんだから」

部下「すみません……(それなら最初からそう言ってくれよ)」

これは目的や期限、アウトプットのイメージなどを互いに確認せず、思い込みをもとに仕事を進めてしまったがゆえのすれ違いです。

作業の手順や仕事に必要な情報が十分共有されていないときにも、同様のことが起きがちです。こうした認識のずれによって努力が報われなければ、部下のモチベーションも当然下がります。

実はかつてのトヨタも、ミスコミュニケーションのせいでムダな仕事が生まれ、生産性やモチベーションの低下が起きていました。それを食い止めるために、前述の佐々木氏が浸透させたのが「自工程完結」です（Comparison09で詳述）。

一人ひとりが自分の工程を完璧に仕上げることで組織全体の生産性を高めること。これが自工程完結の趣旨ですが、その根底には次のような考え方があります。

「生産性やモチベーションの向上には、全力で取り組めば必ず良い結果が出るようなしくみや環境づくりが不可欠である」

努力が報われるしくみづくりを徹底する。そうした考えに基づき労働環境が整備されているため、トヨタの社員はモチベーションを高く維持できているのです。

「仕事の内容」「目的」「進め方」を明確に

トヨタのモチベーション管理には具体的なポイントがあります。端的に言えば、仕事の目的やゴールの明確化です。まずは次の二つのテキストを見比べてください。

A「私の仕事は1日100本、ホイールのナットを締めることです」
B「ドライバーに安全な運転体験を提供するべく、変形や緩みを起こさない強度にナットを締めること。これが私の仕事です」

Aはタスクの内容にフォーカスしている一方、Bは目的を絡めて自身の仕事を定義しています。この目的の部分が極めて重要です。なぜなら、目的の理解は仕事のモチベーションに直結し、より早く目的に到達するための改善案を考えることなどにもつながるからです。

トヨタでは上司が部下に作業の目的やゴールを丁寧に説明します。それは、部下の仕事がユーザーにどんな価値を提供しているのか、ということにとどまりません。

「前工程は神様、後工程はお客様」という言葉が示す通り、生産ラインにおける前後の現場も重要な関係者。その相手に対して良い仕事をすることも「目的」なのです。だから、上司は部下に仕事を「点」ではなく、周りとの関係を含めた「線」で説明します。

これは工場などの現場仕事に限った話ではありません。たとえばComparison01で取り上げた資料づくりを例に考えてみましょう。読むのは誰か、その人をどういう気持ちにさせたいのか、どんなデータが必要か、それをビジュアル化する必要はあるのか、資料の分量はどの程度か。

項目に置き換えると、「仕事の内容」「目的（ゴール）」「進め方（プロセス／手順）」「アウトプットのイメージ」。これらの要素が共有されて初めて、作業者は仕事に全力を尽くせるのです。

誰がやっても同じ成果が出る「標準」

トヨタには「標準」という考えがありますが、これも仕事の明確化と言えます。標準とは、作業のやり方や条件のこと。作業要領書や品質チェック要領書など、さまざまなかたちで職場ごとに規定され、作業者はこれにならって仕事に取り組みます。

標準のポイントは、誰がやっても同じ結果が生まれるしくみであること。先に挙げ

ポイント解説

「みんな」を動きやすくする

トヨタ流

たホイールのナットで言えば、数字や具体的な状態の説明を伴って締める強度が決められているということです。

やるべきことが明確に決められていると、作業者は迷わず自分のタスクに取り組めます。また、仕事が正常に進んでいるか異常事態なのか判断できます。組織的な観点で言えば、誰がやっても同じ成果が出るので、品質が一定に保たれるというメリットがあります。

「誰がやっても同じ成果を出せる」とは、「作業者の替えがきく」ということでもあります。それでは社員のモチベーションが下がるのでは、と危惧する向きもあるでしょう。

けれどもそれは杞憂にすぎません。トヨタの標準はマニュアルとは違って、あくまで「現時点での最適解」。常に改良していくことが前提にあり、今より効率的なやり方が見つかればすぐに更新します。そして標準の改善案を提案した人は会社から評価されます。

つまりトヨタパーソンは、作業の質を高める術を模索しながら仕事に取り組み、効率的な作業法を発見することにモチベーションを感じているのです。

「自分にしかできない仕事」に取り組みたいと願う人は多いでしょう。圧倒的な独創性に基づくイノベーティブな仕事ができれば文句なしですが、単に経験則や勘でやっている属人的な仕事は「自分にしかできない仕事」とは呼びません。

そういった単なる作業者ごとの仕事のバラつきをならし、作業要領を具体化したものが、「自工程完結」であり「標準」です。

誰が、何を、いつまでに、どうやるか。その作業に必要な情報や素材はどこにあるのか。トヨタはこれらを丁寧に洗い出すことで、生産ラインでは効率的な作業工程を確立し、スタッフ部門では意思決定の迅速化を実現しています。

タスクや評価基準が明確で、示されたやり方に従うと必ず成果が出る。さらに良いやり方を見つければ組織から高く評価される。これがトヨタが考える「働きやすい職場」なのです。

トヨタ流
必ず成果が生まれる
しくみづくり5カ条

① 作業内容
② 目的／仕事の意味
③ 進め方／プロセス／手順
④ アウトプットのイメージ
⑤ 提出日など各種条件

来週までに
資料を
つくってくれ
わかりました。
では、この5つを
確認させてください
上司
部下

06 モチベーションアップ　比較

Google流

「個人」を動きやすくする

勤務時間の2割は通常業務から離れて自分のプロジェクトを進めることが認められる社内制度「20%ルール」。その本質は、社内のヒエラルキーから自由になること。上司の判断を介すことなく、自らのプロジェクトを進められる自由があることで、社員は自主性や働くモチベーションを高めていく。また、自身が主導するプロジェクトを通じて、新しいスキルを習得したり、多数のメンバーと協業したりする経験が社員を大きく成長させることも、20%ルールがもたらす大きな価値。

トヨタ流

「みんな」を動きやすくする

与えられた仕事を100%こなし、それが正当に評価されることで、社員はモチベーションを高める。これがトヨタの考え方。だからトヨタの職場では、全力で取り組めば必ず良い結果が出るようなしくみづくりや環境づくりを進める。「作業の内容」「目的(ゴール)」「進め方(プロセス／手順)」「アウトプットのイメージ」などが明確に示されれば、作業者はその仕事に全力を尽くせる。また、示された作業方法より効率的な進め方を見つければ組織から評価される。トヨタでは職場を問わず、この考えを徹底させ、社員の生産性とモチベーションを高めている。

13/07

Comparison

チームビルディング

▼

Google流

(Googleも)

スーパースターではなく、チーム力を重視する

×

トヨタ流

(トヨタも)

スーパースターではなく、チーム力を重視する

優秀なチームに共通する二つの姿勢

マネジャーと従業員が集団活動に費やす時間はこの20年で50%以上増加。また、従業員は1日のうち4分の3以上を同僚とのコミュニケーションに費やしている――。

2016年1月発行の米国の経営学誌「ハーバード・ビジネス・レビュー」には、研究者らによるこんな調査結果が掲載されています。

ビジネスのグローバル化により、あらゆる業界で業務の複合化が加速。個人で完結させられる仕事が減少する一方、チームでの仕事は増加し、それに伴いチームビルディングの重要性も増しています。

グーグルは2012年、生産性の高いチームの特性を明らかにするための社内調査活動「プロジェクト・アリストテレス」を開始。1年以上にわたって社内の100以上のチームを分析したところ、経営層の予想とは全く異なる結果が導き出されました。

最強の人材を集めれば最強のチームになる。グーグルの経営層はそう考えていましたが、調査結果からは、個々の能力の高さがチームの成功条件となっている事実は認

Google

められませんでした。優秀なチームのメンバーには、学歴、経歴、趣味、性格、社交性といった面でも共通性はなし。つまり、「こういうタイプの人を組み合わせれば、ハイパフォーマンスのチームになる」という条件は見つからなかったのです。

その一方で、プロジェクトチームは、優れたチームには次の二つの「行動規範」が存在していることに気づきます。

①チームのメンバーの会話の量がほぼ均等
②メンバーの「平均的な社交感受性（相手の言動から、相手の内面を直感的に察知する能力）」が強く、相手を尊重する

簡単にまとめると、メンバー同士が互いに尊重し合い、チーム内に「心理的安全性」が構築されているチームでは、誰もが気兼ねなく発言できている、ということ。

集団内にこうした規範があるチームは、メンバーの能力の合計以上の力を発揮する。プロジェクトチームはそう結論づけました。エビデンスがあれば、すぐにそれを採り入れるのがグーグルの良いところ。この調査以来、心理的安全性を重視したチームづくりは加速し、今やグーグルの企業文化になるほど浸透しています。

07 チームビルディング

「仲が良くても本音は言えない」に注意

これまでに触れた通り、生産性の高いチームには「会話の量がほぼ均等」という特徴があります。その背景にあるのは「リスクを晒《さら》し合える人間関係」と「共感」です。

グーグルのあるチームリーダーは、「プロジェクト・アリストテレス」の結果を受け、自分のチームの集団規範を調べるアンケートを実施しました。

リーダーはチームの結束は強いと信じていました。仲の良いチームだからです。ところがその思いに反して、多くのメンバーがチームの仕事に対して意欲が高くないことが判明。仲は良いけれど、仕事の面で深く話し合える関係ではなかったのです。

メンバー同士が互いをもっと知る機会が必要だ。そう考えたリーダーは、全員に自己紹介をしてもらう場をつくりました。そして自らこう切り出したのです。

「私は今、実はステージ4のがんに侵されています」

リーダーの突然の告白にメンバーは衝撃を受けます。長い間一緒に働いていながら、リーダーがそんな深刻な状態にあるとは誰も知らなかったのです。

リーダーの話が終わると、メンバーはそれぞれパーソナルなことを打ち明け始め、やがて業務上の問題についても率直な意見交換が始まりました。そして最終的には、リーダーがこれまで以上に仕事の意義を伝える努力をすることや、メンバー同士が互いを支え合うことをチームの規範とすることで一致団結したのです。

この話のポイントは、「同僚の人間性をもっと知りたい」というリーダーの姿勢がメンバーの共感を呼び、気持ちを動かしたこと。共感を得るには重い人生経験を共有しなければならない、という話ではありません。

Comparison09で詳述しますが、グーグルではチームの心理的安全性を高めるために、「ライフジャーニー」というセッションを開いています。自身の人生経験を簡単な絵や図で表現し、そのときの気持ちや考えをメンバーにプレゼンする試みです。

ここでも、特に派手な人生経験を披露する必要はありません。「初めて恋人ができた」といったありふれたことでいいのです。その出来事に対する発表者の思いをメンバー間で共有し、相互理解を深めることが重要だからです。

仕事に直接関係ないことを職場で持ち出すのは控えるべきという考え方がありますす

が、仕事と無関係なことから個人の大切な価値観が見えることもあります。
だからこそ、グーグルでは個人の人間性を披露する機会をさまざまなかたちで設け、それを通じてチームビルディングを進めているのです。

個人的成功を追求する人がチームを壊す

チームの結束が乱れる要因の一つは、個人的成功をモチベーションとする人の存在です。「プロジェクト・アリストテレス」は、能力の高いスター集団が必ずしも成功していない事実を突き止めました。

その理由としては、それぞれのメンバーが自分のやり方や考えに固執し、チームの成功より個人の成功を優先してしまうことが考えられます。

グーグルの元CEOエリック・シュミット氏は著書で、チーム内に独りよがりなメンバーが存在する場合、マネジャーはその人間の仕事を減らし、チームの成功を目指して働くメンバーに割り振ることが重要だと指摘しています。

放っておくと、他のメンバーも「個人的成功を追い求めないと会社に評価されないのかもしれない」と考え始め、チームが崩壊するからです。

グーグルは社員にしっかり休暇を取ることを勧めていますが、それもチームビルディングに関係しています。

自分がいなければチームは回らない――。誰もがそんな思い込みにとらわれやすいものですが、ある人が一時的に不在なだけで組織やチームが機能しなくなるということは、いち従業員レベルではまずあり得ません。

むしろ、「自分にしかできない仕事（＝個人的成功）」をすれば、社内評価が高まり、雇用の安定につながる」という独断的な発想を生み、チームの秩序を乱しかねない点で、「自分がいなければ……」という思い込みは組織にとってマイナスです。

グーグルでは、社員に積極的に休暇を与え、その間は別の社員が仕事を引き受けます。そうすることで、休んだ社員は変な思い込みにとらわれることなくしっかり心身を回復させられる。一方、仕事を任された社員は、新たな業務をこなして自信をつける。一挙両得というわけです。

多忙な組織で働く人ほど、休むことにためらいが生じるもの。けれども、ライフジャーニーのような取り組みを通じて、どのメンバーにも仕事以外に大事な時間があることを理解していれば、休むことに後ろめたさは生まれません。相互理解のもとに信頼関係が築かれ、遠慮なく頼り合える。それが理想的なチームの在り方なのです。

外から見えない？トヨタのチームワーク

時価総額で国内トップを走る企業でありながら、誰もが知るスター社員がいないと言われるトヨタ。会社の伝統は「1人の100歩より、100人の1歩」。スティーブ・ジョブズ氏（アップル）やイーロン・マスク氏（テスラ）のような希代の天才が時代の針を急速に進める一方で、トヨタは一人ひとりの知恵の積み重ねで頂まで上り詰めたところに、集団としての強さがうかがえます。

トヨタのチームワークの強さを物語るエピソードがあります。トヨタが米国で急成長して注目され始めた頃のこと。GM（ゼネラル・モーターズ）やフォード・モーターを取引先に持つ、ある有力な部品メーカーのトップが工場見学に訪れました。

話題のトヨタはどれほど優秀なのか。その生産現場を自分の目で確かめた彼はこう言い放ちます。

「トヨタから学ぶことは何もない」――設備が最新なわけでもなければ、生産ラインづくりが画期的なわけでもない。トヨタは彼にとって期待外れだったのです。

ところがその2年後、業績をさらに伸ばすトヨタとは対照的に、その部品メーカーは業績が悪化し、倒産寸前に。ついにはトヨタ傘下に入り、元社長はトヨタの工場長として勤務することになります。

トヨタと自分たちの明暗を分けるものは何だったのか。トヨタの工場で働くなかで、元社長はその理由を知ります。

社員が個人単位で仕事を処理していた自分の会社と違い、トヨタはグループ内でメンバー同士がサポートし合いながら仕事を進めていました。そこにトヨタの強さの本質があったわけですが、それは外から少し見ただけではわからなかったのです。

トヨタがなぜチームワークを大事にするのか。その理由を端的に言えば、それがないと仕事が成立しないからです。

トヨタのものづくりは「必要な数と品質を、いかに少人数で担保するか」。製品需要の変動に応じて生産ラインの人数を変え、一人ひとりの作業内容も変えていきます。そうした変動的な体制のもとで製品の質を維持できているのは、各職場で作業内容を徹底的に分析し、改善を繰り返してきたから。

また、複数の異なる工程を担える「多工能」を組織的に育成し、状況に応じて工程間で応援・受援を可能にするなど、〝助け合い〟が可能な現場づくりを進めていました。まさに、チームワークの力で成長してきたのがトヨタという企業なのです。

QCサークルは成果をノルマにしない

トヨタにおけるチームワークの醸成の場といえば、QCサークル活動が有名です。QCサークルとは、主に技能系の職場において組まれる4、5人程度のチームのこと。チーム単位で業務上の改善活動に自主的に取り組みます。

この活動は社内的にも重視されています。品質に対する社員の意識が向上し、改善のアイデアが生まれるだけでなく、チームワークの強化にもつながるためです。

一方で、同様の活動を採り入れてみたものの、途中でやめてしまう企業も多いといいます。ルールの整備など、時間や手間がかかるわりに思ったほどの成果が上がらないことが要因です。

ただ、ここで一つの疑問が湧きます。QCサークル活動は、成果(結果)を生み出すことが役割なのでしょうか。トヨタでは必ずしも成果だけを求めません。常に改善を続ける姿勢を育み、チームの力を高めることが活動の本質だと考えているからです。むしろ、「改善の成果」という直接的な効果ばかりを追い求めると、かえってチーム力を弱めてしまうこともある——。トヨタで30年間技術者を務めたHY人財育成研究所所長の肌附安明氏は、ウェブメディアでの自身の連載でそう警鐘を鳴らしています。

「メンバーがチームに対し『心理的安全性』を感じることが最も重要である」。グーグルが実施した「パフォーマンスの高いチーム」の条件を解き明かす調査では、こんな結論が導かれました。チームづくりの本質とは良好な人間関係の構築にあるのです。

これをチームワーク強化の出発点と考えるなら、QCサークルにおいても、まずは人間関係の円滑化にフォーカスすべきでしょう。

サークル活動を見守るマネジャーは、成果の有無ばかりを問うようなコミュニケーションは避けること。メンバーを積極的に励ましたり、時に雑談を交えて気持ちをほぐしたりするなど、チームの空気を良くすることが大切な役目です。

その結果として、チームに心理的安全性が広がればしめたもの。その安心感が自由闊達な議論を可能にする土台となります。

成果至上主義に傾くチームでは、メンバー同士でアイデアの優劣をめぐる競争が起こり、チームワークがないがしろにされがちです。逆に信頼関係を重視するチームでは、多様な意見が集まり、良いアイデアをチーム一丸で実現しようとする協力体制が築かれます。どちらが望ましい結果を得るのかは言うまでもありません。組織の成果を上げるための手段としてチームワークを重視する。これがトヨタ流の考え方です。

「自分しかできない」を「誰もができる」に

トヨタのチームワーク強化の取り組みは他にもあります。たとえば「自分にしかできない仕事」を「みんながきる仕事」に変えていくところです。

前章で触れた通り、トヨタには「標準」という作業要領書が存在します。これは、現時点で品質・コスト面から見た最善の作業方法を記したもので、作業者の能力を問わず誰がやっても一定の品質になるように定められています（Comparison06で詳述）。

標準は「現時点でのベストの方法」なので、改善活動を通じて順次更新されていきます。それによって、属人的・専門的な作業をより多くの作業者が担当できるようになる。そこに大きな意味があります。組織内での助け合いが可能になるほか、業務内容・業務量の平準化も進むからです。

忙しい現場や休みのメンバーがいれば、手の空いている人がサポートする。こうしたことが可能になれば、必然的にチーム力も高まっていくわけです。これは別にトヨタでないとできないことではありません。皆さんの会社でもできるはずです。

まずは一人ひとりが自分の業務を棚卸しし、アウトプットの仕方を言語化、見える化することから始めましょう。

同じ職種でも各々が独自のやり方を採用しているため、作業過程が異なることは珍しくありません。たとえば、営業職のAさんとBさんで、異なる提案書のフォーマットを使っているケースなどです。それを共有し合えば、多くの発見があるでしょう。

仕事の進め方の見える化、共有を進めると、互いに良いところを採り入れるようになります。その結果、チーム内でアウトプットの均一化が進み、チームの協力体制が強化されていく。各人が自らの仕事の方法を開示することには、ノウハウの独占を防ぎ、個人主義に歯止めをかけ、チーム力を向上させる効果があるのです。

「1人の100歩より、100人の1歩」。これは、多くの企業で有効かつ、どんな組織でも進められるチームづくりの考え方です。スーパースターがいなくても頂に上れることは、すでにトヨタが証明しています。

07 チームビルディング　比較

Google流

(Googleも)スーパースターではなく、チーム力を重視する

生産性の高いチームの特徴を突き止める社内調査を実施したグーグル。調査結果が示したのは、「メンバー同士が互いを尊重し、『心理的安全性』が感じられる集団文化(規範)を築いているチームは、メンバーの能力の合計以上の力を発揮している」ということ。チームビルディングの本質は相互理解にある――そうした傾向が判明したことを受け、グーグルではチーム単位で社員の人間性について理解し合う機会を積極的に創出している。

トヨタ流

(トヨタも)スーパースターではなく、チーム力を重視する

わかりやすいスター社員がいないと言われるトヨタ。それでも世界的な企業であり続けるのは、類いまれなチーム力のたまもの。職場内で4、5人程度の小集団をつくり、業務改善に取り組む「QCサークル活動」は、組織全体のチームワークの向上に一役買っている。全社的に進められている「業務の平準化」も、社員同士の助け合いを可能にするなど、チームワーク向上にポジティブな影響を与えている。

13 / 08

Comparison

成果の出し方

Google流

現状の10倍の成果を目指す

×

トヨタ流

問題の改善を通じて成果を出す

「現状の10倍を目指す」が当たり前

この10年のビジネスシーンの流行語とも言うべき「イノベーション」。

一般的な意味は「革新」ですが、グーグルをグローバル企業へと導いたエリック・シュミット氏の言葉を借りれば「新しく、意外性があり、劇的に有用なもの」です。

検索エンジンをはじめグーグルの各種サービスには、毎日数千人から数万人のエンジニアがパッチ（OSのバグ修正）を当てているといいます。一つひとつのアップデートはささいであっても、その積み重ねによって常に「劇的に有用」を実現しています。

他方、グーグルアースやグーグルマップといった、アイデア自体がイノベーティブなサービスもよく知られているところ。突き抜けた発想とそれを実現する技術はいずれも世界トップレベルです。

グーグルにとって、イノベーションを起こすことは社の使命とも言えます。このサービスは数百万人、数千万人、数億人にとって有益か？　すでに市場に存在する手法ではなく、全く新しいやり方でサービスを設計できるか？　こういった着眼で新しいサービスを考え、プロジェクトを立ち上げます。

Google

当然ながら、これだけの規模のサービスは日々の仕事の延長からは生まれません。圧倒的な革新性を持つアイデアが必要です。だからグーグルは、「常に10倍の成果を目指す（10X）」を社風としています。

「10倍」。普通の感覚なら尻込みする数字です。経営陣がこんな目標を立てようものなら、たいていの社員はやる気を失ってしまうでしょう。

他方、グーグルの社員はこれを当たり前のこととして受け止めます。自分たちに高い給料が支払われているのは、誰もができる単純労働をするためではない。誰もができない困難な仕事に挑み、成し遂げるためである――。こういった理解が組織に広がっているのです。

グーグルで働くのは専門性とビジネススキルと創造性を備える人材。多才な人ほど、簡単な仕事は退屈に感じ、難題であるほど喜びややりがいを感じます。10倍を目指す社風は、優秀な人材を集め、その能力を引き出す装置としても機能しています。

現にグーグルはこれまで数々の企業を買収していますが、買収した企業のトップらはグーグルに残り、大きな仕事に取り組んでいるのです。

08

成果の出し方

斬新なアイデアを生む楽観主義の組織

人は往々にして実現可能性を意識してしまうもの。複数の選択肢があるとき、失敗の確率が高そうなものから見送ってしまうことは、すでに心理学で説明されています。社員がそういった〝自主規制〟に陥らない環境をつくるには、どうしたらいいのでしょうか。グーグルの組織づくりに、そのヒントが隠されています。

たとえば、米国時間で毎週木曜日の夕方に開催される全社ミーティング「ＴＧＩＦ」。グーグルの経営陣は、この場でサービスや会社の将来像について壮大な理想を語ります。その姿を見て、社員はこんなことを思います。自分もスケールの大きな発想をして問題ないのだ、と。

アイデアの自主規制はリスクを避ける行為です。常識外れの提案をしたら上司に怒られる、馬鹿にされる、評価されない。そう考え、口にするのを控えてしまう。そのブレーキを外すのが経営陣やマネジャーの役目です。自ら常識にとらわれない発言をし、突き抜けたアイデアが許容される組織であると示すことが重要です。

部下からイノベーティブな行動を引き出す上で、マネジャー層にはもう一つ重要な仕事があります。それは社員に一定の「自由」を与えること。Comparison06で詳述した、グーグルの「20％ルール」のようなものです。

イノベーター（革新者）はそもそも常識にとらわれないアイデアを持っています。そういう人材を組織の常識に従って管理すれば、優れたアイデアは出てこなくなる。逆に自由を与えれば彼らは〝勝手〟に常識外れのことを発想し、行動に移します。要はイノベーターにとっての〝自然な行動〟を邪魔しないことが重要なのです。

イノベーターの飛び抜けたアイデアは、最初は周囲に理解されません。多くの人にとっては実現不可能なことに思えます。マネジャーに求められるのは、その〝非常識〟を見守る、ある種の楽観主義です。

イノベーターが野心的な取り組みに挑戦すると、そのうち周りにフォロワーが集まります。そうしたイノベーターを中心とした熱狂が社内に伝染すれば、感化された人たちが次々に新しい取り組みを始めていく。やがて「10倍」の意識が文化となり、組織の中にイノベーションの種がいくつも芽生えていくのです。

Google流

ロジカルシンキングより直感を大事に

皆さんの中には、自分はイノベーターではないと思っている人も少なくないでしょう。そんな人が10倍の成果を生み出すアイデアを出すにはどうすればいいのか。

まずは一時的に論理的思考をやめてみることです。一般的に他者を説得するには筋道を立てた説明が必要です。プレゼンはその最たるもの。ただし、そこにワナがあります。「良い企画＝人が納得する企画」という発想に陥ってしまいがちなのです。

論理的に説明できる時点で、既存の考え方に則っている可能性が高い。つまり常識的な発想です。そのアイデアが10％の成長に寄与することはあっても、10倍の成果を生み出すことはないでしょう。飛躍的なアイデアは論理より直感から生まれます。

同じ理由で、発表者が事前に案を練ってプレゼンする形式の企画会議も見直しが必要です。単にアイデアの良し悪しを評価する場になり、発想が広がらないためです。斬新なアイデアを生み出す場にしたいなら、多様な立場の人を集め、テーマだけ決めて自由に話す。直感とひらめきでアイデアを膨らませることが重要です。

10倍の成果を生むためには、斬新なアイデアを出すだけでは不十分です。働き方そのものを変えないといけません。

元グーグルのピョートル・フェリークス・グジバチ氏は、「圧倒的な成果を出すためには『ToDoリストを捨てることが必要』」と自著で説いています。ToDoとはタスクのこと。タスクに追われ、それを一生懸命こなした結果が「忙しいのに生産性の低い日本人」とは、何とも皮肉な現実です。

決められた時間は必ず働く。全ての会議に参加する。仕事は自分のデスクでする。メールはすぐに返す——。日本の組織では今なおこうした働き方が一般的です。

しかし、そこに縛られていたら圧倒的な成果など出せません。意欲的なことに取り組む時間と体力が確保できないからです。

「10X」の本質は、10倍の成果を目指すことで、ルーティーンを見直し、新しい発想や働き方を試すこと。必ず10倍の成果を出すことが大事なのではなく、それを追求する過程で旧来の縛りから抜け出すことに意味があるのです。

10倍の成果を出すのは困難です。それを意識しても達成できるのは2割かもしれません。ただ、それでも現状の2倍。従来の延長のやり方では得られない成果でしょう。

皆さんも一度、「10倍の成果」から逆算して自身の働き方を見直してみてください。

「あるべき姿」と「現状」に差はないか？

トヨタとグーグルには組織文化にいくつもの共通項が見られますが、もちろん異なる点もあります。その一つがここで扱う「成果の出し方」です。

職場や立場を問わず、トヨタパーソン全般に求められる「成果」といえば、業務内容の改善です。4M（Man＝人、Machine＝機械、Material＝材料、Method＝方法）などの切り口を使ったムダの排除を通じて、生産性を向上させていくのが改善の本質。トヨタパーソンは新人の頃からこの姿勢を徹底的にたたき込まれます。

改善における「成果」とは、「問題（課題）発見」と「課題解決」を通じて得られるものです。では、その「問題」とは何なのか？　それを見誤ると、成果も出せません。

トヨタでは「問題」を「あるべき姿と現状にギャップがある状態」と定義します。そして、この定義における「問題」は大きく次の三つに分けられます。

発生型：ミスや非効率な作業により、既存の基準や目標に達していない状態

設定型：近い将来に予想される状況を前提に設定した目標と、現状とのギャップ

目標指向型：長い時間軸・幅広い外部環境を考慮して設定した課題と、現状とのギャップ

60分間で100個製造すべき部品が、作業ミスで90個しかつくれない状態が続いている。これは発生型問題です。

今60分間で100個製造している部品を、1年後には20分間で100個製造する。こうした目標を立てた場合、現状は「あるべき姿（1年後の目標）」から見ると40分間のロスが発生している。これは設定型問題です。

将来的な製造装置の変更や設計変更まで考慮し、つくり方自体を見直すのが、目標指向型問題です。

右に示したように、トヨタでは、作業上のルールや組織的な目標など業務における基準を定め、そこに達していないことを「問題」と見なします。そして、問題をクリアすることで成果が生まれます。つまり、問題さえわかれば、自ずと成果も見えてくるのです。

理念や理想は「あるべき姿」ではない

ここからは、問題解決を通じて成果を出すためのポイントを見ていきます。問題を正しく認識するには、まずは「あるべき姿」を明確にすることが必須です。トヨタの作業要領「標準」は、誰が作業しても同じ仕上がりになるよう、具体的な数値や状態を伴うかたちで作業方法が示してあります。その基準に照らせば、作業者は自らのアウトプットの良否が判断できます（もちろん作業者以外も判断できます）。

組織の目標も同様です。「半年後までに客単価3割増を実現する」といったように「あるべき姿」を具体的な数値で示せば、達成できているかどうかが明白です。

ここで注意すべきことがあります。「理念」や「理想」と「あるべき姿」の違いです。理念は、組織の普遍的な哲学や志向を抽象的に表したもの。理想は、現実性を重視しない「ありたい姿」。例として次の二つをご覧ください。

理念「極上の宿泊体験を提供し、顧客の人生観を豊かにする」
理想「業界ナンバーワンの宿泊事業者を目指す」

企業がこうした理念や理想を標榜するのは問題ありませんが、部署やチーム単位では考えものです。「あるべき姿」としてふさわしくないからです。

なぜなら、理念は極めて漠然としており、何をもってそれを成し遂げたことになるのかが不明確です。また、理想のような壮大なものを「あるべき姿」としてしまうと、無力感に襲われ、個人レベルでは動けなくなってしまいます。

一人ひとりの社員の仕事の積み重ねにより、組織の理念や理想が実現されるようになっているのが会社です。したがって、「あるべき姿」は、部署レベル、チームレベル、個人レベルなど個別にあって問題ありません。立場や役割、能力に応じて具体的な「あるべき姿」を設定することが鉄則です。

社会の動向を踏まえてビジョンを描こう

先に説明した通り、漠然とした理想は「あるべき姿」としてはふさわしくありません。一方で、ビジョンを描いた上での理想は「あるべき姿」だと言えます。トヨタの「プリウス」は、まさにそんな発想から生まれたクルマです。

トヨタ流

ポイント解説

問題の改善を通じて成果を出す

1990年代前半、トヨタは中長期的なクルマの在り方を模索していました。21世紀に必要とされるクルマとはどんなものか？　エネルギー資源の枯渇や環境破壊の深刻化とどう向き合うかが21世紀の課題になることは、当時から指摘されていました。

そこに照準を定めたトヨタが、「人と地球に快適で幸せ感あふれるクルマ」として開発したのがプリウスでした。

将来的な「あるべき姿」を決める場合、「1年で売上倍増」「作業時間20％減」のように、普段の仕事の延長線上に目標を設定するケースが多いものです。一方でプリウスの事例は、業界や社会の動向を踏まえて全く新しい「あるべき姿」を描けることを示唆しています。

グローバル化の進展により、業界を問わず、世界的な潮流を踏まえて事業に取り組む姿勢が求められています。ＳＤＧｓ（持続可能な開発目標）を意識した企業活動が大きく広がっているのは、その最たる例と言えるでしょう。

中長期的な視点で「あるべき姿」を設定する場合、国内外の経済の潮流や、自社の事業領域の動向などを分析した上で、自社で何をやるべきか、それを実現するには自分の部署は何をやるべきか——というふうに、マクロからミクロに視点を絞りながら決めていくことが重要です。

ただし、スケールが大きくなっても、成果の出し方は変わりません。「あるべき姿を設定」→「現状とのギャップ（＝問題）を発見」→「解消（＝成果）」という流れです。未来のことは不透明なことが多いもの。外部環境を緻密に分析し、いかに「あるべき姿」をクリアに描けるかがポイントになるでしょう。

「なぜ」を5回繰り返し、問題の真因に迫る

ここまでは問題の発見の仕方や定義の仕方を見てきました。それらの視点を職場に向けると、数多くの問題が見つかります。ただ、複数の問題を同時並行で解決しようとすると、中途半端な対応になりかねません。

トヨタでは、事の影響の大きさを考慮した「重要度」、即時的な対応が必要か否かの「緊急度」、放置した場合の悪化度合いを示す「拡大傾向」の3点から、それぞれの問題に優先順位をつけ、順位の高いものから対応にあたります。

解決方法は当然、問題の内容に応じて異なります。ただし、問題の種類を問わず、

必ず守らなくてはならないトヨタの流儀があります。「真因（真の要因）を突き止める」です。

問題の要因としてすぐに思いつくことは、往々にして「真因」ではありません。そして、真因を取り除かない限り、抜本的な解決にはならず、また同じ問題が起きかねません。だからトヨタパーソンは、問題が起きたら「なぜ」を5回繰り返す。問題の要因をどんどんさかのぼっていくことで、真因を追究するわけです。

たとえば、Ｃｏｍｐａｒｉｓｏｎ02で取り上げた事例で考えてみましょう。かつて若いトヨタパーソンが高額の設備投資を試みたところ、その機械はたいした働きをせず、組織にとって大きな損失となりました。この真因とは――。

①なぜ新たに取り入れた機械は期待通りの働きをしなかったのか
↓優れた機能のみに注目し、機械の弱点や自社工場に合うかどうかを細かく調べ切れていなかったから

②なぜ問題点を調べ切れなかったのか
↓専門的な知見が不十分なのにもかかわらず、検討を一人で進めていたから

③なぜ一人で検討を進めたのか
↓社内で工作機械に詳しい人が誰かわからず、頼れる人がいなかったから
④なぜこの分野に詳しい人がわからなかったのか
↓社員の専門性が社内で十分に共有されていないから
⑤なぜ社員の情報が共有されていないのか
↓各部門、各工場で連携し、情報を共有する環境が十分に整備されていないから

これはあくまで仮の話ですが、こうして掘り下げると、真因は役割と能力の不一致にあり、ナレッジ共有のしくみを社内で整える必要性が見えてきます。なお、5回というのはあくまで目安です。5回やればいいという単純な話ではなく、そのくらいしつこく「なぜ」を繰り返さないと真因は見えてこない、ということです。

問題をきちんと定義・発見するだけでなく、見つけた問題をきちんとクリアする。そうすることで初めて成果が出せます。

繰り返しになりますが、「あるべき姿を設定」↓「現状とのギャップ（＝問題）を発見」↓「真因を突き止め解消」↓「成果」という流れを覚えておきましょう。

「あるべき姿」二つの考え方

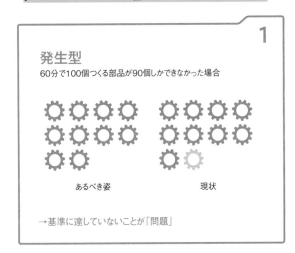

1

発生型

60分で100個つくる部品が90個しかできなかった場合

→基準に達していないことが「問題」

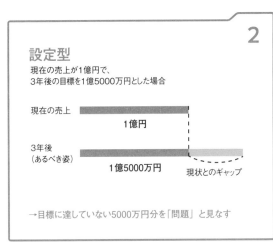

2

設定型

現在の売上が1億円で、
3年後の目標を1億5000万円とした場合

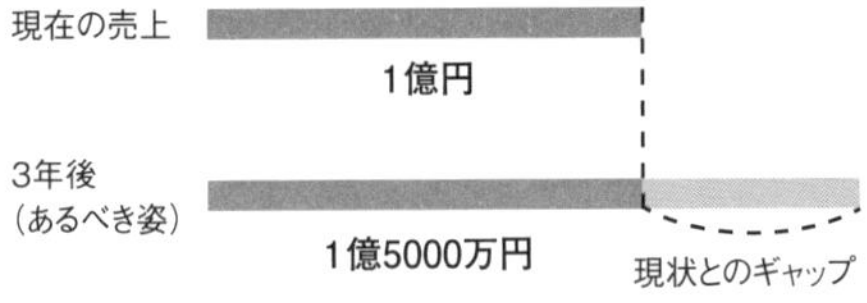

→目標に達していない5000万円分を「問題」と見なす

08 成果の出し方　比較

08

成果の出し方

Google流

現状の10倍の成果を目指す

イノベーティブなサービスを通じて社会にインパクトを与えることが、グーグルのモットー。数千万人、数億人にとって有益か。全く新しいやり方でしくみを設計できるか。こうした着眼でサービスを考えていく。規模も大きく、切り口も斬新なサービスは日々の仕事の延長からは生まれない。そのため彼らは「現状の10倍の成果を出す」を社の文化とし、「20%ルール」をはじめ、イノベーターの創造性を刺激する組織づくりを進める。

トヨタ流

問題の改善を通じて成果を出す

トヨタでは、業務に関わるあらゆることに明確な基準を設け、基準に達していないことを「問題」と見なす。問題とは「あるべき姿と現状とのギャップ」。ルール通りの品質に仕上げることが「あるべき姿」なら、そこに達していないものは問題となる。「売上、前年比50%増」が「あるべき姿」なら、目標の50%分が現状とのギャップ（＝問題）になる。「問題」を明確にし、それをクリアすることを「成果」と見なすのがトヨタ流の考え方。

13/09

Comparison

コーチング

▼

Google流

「横」コーチングする

×

トヨタ流

「縦」コーチングする

上司に遠慮せずに意見を言えているか?

上司と部下が定期的に1対1での面談を行う1on1ミーティング。シリコンバレーの有名企業が導入していることで注目を集め、日本でもヤフーやパナソニック、日清食品といった大企業を中心に広がるなど、人事領域で近年流行している人材育成手法です。

1on1はグーグルでも重視されており、マネジャーには週1回1時間の実施が義務づけられています。マネジャーが部下の価値観や内面を深く理解し、部下の仕事や目標を決定するのに貢献するしくみと考えられているためです。

グーグルにこうした考えが定着したのはそれほど古い話ではありません。世界最高水準の知識を持つ社員たちにマネジメントなど不要ではないか――。創業者のラリー・ペイジ氏とセルゲイ・ブリン氏は、かつてそのように考えていました。

それに人事部が異を唱え、2009年に1万人規模の社内調査を実施したところ、マネジャーの言動が社員のパフォーマンスに大きく関係していることが判明しました。

Google

グーグルが考える良いマネジャーとは、端的に言えば「部下が最大の成果を上げるための場づくりができる人」。

革新的なプロダクトは、スタープレーヤーが牽引するチームではなく、同じレベルのメンバーが切磋琢磨するチームから生まれやすい。そんな研究結果もあるため、マネジャーはいかに部下の個性を生かすかが問われます。

そうした背景もあり、1on1は上司が部下を深く理解し、信頼関係を深める場として活用されています。とはいえ、単に1対1で話せばいいわけではありません。部下が上司に遠慮することなく自己開示ができて初めて、有意義な1on1と見なされるのです。

グーグルが2012年に行った調査では、「心理的安全性」がチームの生産性に最も大きな影響を与えるという結論が導かれました。これは1on1でも同じことです。

「会議で初めてマネジャーに異論を述べたとき、その後の1on1で『意見を述べてくれてありがとう。これからも意見してほしい』とマネジャーに言われたことが印象に残っている」。元グーグルのエンジニア井上真大さんは当時をこう振り返ります。

立場の上下を意識せずに本音を言い合える。そんな「横の関係」がチームの総合力を高めるからこそ、グーグルは横のコーチングにこだわるのです。

09

コーチング

ワン・オン・ワンで仕事観や人生観を聞く

1on1を導入したものの、うまく機能しないという話は珍しくありません。その際によく聞かれるのが「何を話せばいいかわからない」。これが上司の発言なら考えもの。自分の役割を理解していないと言っているようなものだからです。

グーグルでは、マネジャーが部下ごとに「OKR（Objective & Key Result＝目標と結果）」を決めます。OKRを一律にしないのは、部下の価値観や信念に基づいて個別に策定するため。したがって、マネジャーは部下の仕事観や人生観など人間性の深い部分を理解する必要があります。それを引き出すのが1on1なのです。

1on1の主役は部下。部下が業務やキャリア、プライベートなどについてマネジャーに聞いてもらうための場であり、話したいことも部下が決めます。上司は共感しながら話を聞き、部下の内面を深く理解していく。これが基本です。

1on1を有意義な時間にするためには、話したいトピックと、上司にどんな対応を求めているかを、事前に部下に指定してもらうのが一番です。

相談の定番トピックは、「業務の進め方」「人間関係」「心身の状態」「キャリア形成」「プライベート」「組織の方針」など。

上司に求める対応は、「意見を聞きたい」「アドバイスがほしい」「一緒に考えてほしい」「話を聞いてほしい」「報告をしたい」など。

これらを組み合わせ、「今日は〈プライベート〉について〈話を聞いてほしい〉」などと事前に決めておくことで、話の脱線を防げますし、話を聞いてほしいだけの部下に、むやみにアドバイスをしてしまって裏目に出ることなども避けられます。

マネジャーは、「個人に焦点を当てた対話」にすることを常に意識しておくべきです。「A案とB案、どちらがコンペで勝てそうか」といった目先の仕事で結果を出すための話し合いは上司と部下の間で当たり前に行われている一方、上司が部下の価値観や人間性を知るための対話は不足しがちだからです。

対話の継続は部下の成長を促し、チームや組織の飛躍にもつながります。上から目線で部下との距離を縮めるのは論外ですが、敬意を持って部下に接し、その人となりを深く知ろうとすることは、マネジャーの最も大切な仕事の一つです。

信念・価値観ベースの会話で絆を深める

部下からすれば、1on1はマネジャーに自分を知ってもらえる良い機会。けれども、いきなり自分の内面を開示するのは心理的なハードルがあります。「この人なら何でも話せる」。部下にそう思ってもらえるよう、心理的安全性を構築することもマネジャーの重要な仕事です。

グーグルでは、心理的安全性を高めるための取り組みとして、「ライフジャーニー」というセッションをチームでよく開きます。

まずは発表者を一人決め、その人がA3用紙にこれまでの人生のストーリーを自由に表現します。そして、ターニングポイントにおける「行動の内容」「行動の意図」「そこで味わった感情」などを具体的に書き込みます。その後、4分程度で他のメンバーに詳細を説明し、みんなで感想を言い合います。進行役はマネジャーが務めます。

一人対複数の就職面接のようですが、実際は大きく異なります。履歴書は、何をやってきたか、どんな成果を残してきたか、という業績をベースにした会話に流れやすく、「評価」を伴う発言も飛び出しがちです。

一方ライフジャーニーは、人生選択に発表者の人となりが色濃く表れます。そこに聞き手が共感し、発表者の信念や価値観をベースにした会話が生まれるのが特徴です。

「目の前にいるメンバーを人として承認することなしに、心理的安全性を高めることはできない」。元グーグルのピョートル・フェリークス・グジバチ氏は、自著でこう断言します。信念や価値観ベースの会話は相手を人として承認することそのものです。

「質の高い雑談」で部下の人格を理解する

グーグルの1on1も、ライフジャーニーに近いところがあります。たとえば「最近、食べて美味しかったものは？」と他愛もない話から始め、「なぜ？（上司）」「だから……（部下）」を繰り返し、部下のパーソナリティーを掘り下げていきます。

彼らはそれを「質の高い雑談」と呼びますが、その姿勢が「あなたに関心がある」というう部下へのメッセージになり、信頼関係が醸成されていく。そうすることで、部下は愚痴や不満を含め上司に本音を話せるようになるのです。

1on1では、部下とプライベートのことを語るマネジャーほど高い成果を上げる傾向にあります。誰しもプライベートに問題があると仕事のパフォーマンスが下がりますが、それを誰にも相談できず一人で抱え込むビジネスパーソンが少なくないからです。

したがって、１ｏｎ１では、マネジャーがカウンセラーのような役割を果たすことも重要です。また、聞きっぱなしにするのではなく、次の機会にその後の経過を聞くなどのフォローも欠かさないようにしましょう。

一方、対話のトピックが「仕事」の場合は、丁寧に傾聴しながら部下に深い思考を促す質問を投げかけることが大切です。

たとえば、「今どんな仕事に取り組んでいるか」ではなく、「今どんな思いで仕事に取り組んでいるか」、あるいは「この先、どんな業務を任されたいか」ではなく、「この先、仕事を通じてどんなことを実現したいか」を聞く。

１ｏｎ１はタスク管理の場ではありません。上司は部下の内面を知り、部下も自身の思考と自己認識を深めていく。それが1対1の対話の核心です。

「ライフジャーニー」の作成例

・家族、友人、恋人、学業、仕事、習い事、趣味などから、
　自分らしさを感じさせるトピックを幅広く選ぶ
・就職面接のような自己PRは不要。仕事に直接関わらないことも積極的に盛り込むのが◎
・自分自身の結婚式のムービーをイメージするとつくりやすい
・人生の指針を得たり、確固たる価値観が芽生えたきっかけとなった出来事は
　「ターニングポイント」として目立たせる
・ターニングポイントには「行動の内容」「行動の意図」「そこで味わった感情」などを
　具体的に書き込む

答えをすぐに教えないのがトヨタ式

今は検索すればすぐに「答え」がわかる時代。それを素早く見つける能力が評価される傾向にありますが、トヨタ式はひと味違います。

トヨタの上司は、部下から質問を受けてもすぐには答えを教えません。それをやると、仕事がスピーディーに進む代わりに、部下から「考える力」や「答えを見つける力」を奪ってしまうからです。

「人間はすごい。人間の知恵は無限である」。トヨタ式の基礎を築いた大野耐一氏の口癖です。知恵は誰にも平等にある。部下の知恵を信じて、うまく引き出すのが上司の重要な役目。トヨタはそう考えます。

だからトヨタの上司は、時に部下を困らせたり難題を与えたりする。トヨタ出身の実業家・若松義人氏の著書には、それを象徴する次のような驚きのエピソードが紹介されています。

トヨタでは、ニーズに応じて生産品目を変更する「多品種少量生産」を採用しています。生産内容を変更する際には、1000トンプレス機の金型や工具の交換、機械の調整など、「段取り替え」と呼ばれる作業が発生します。この作業が通常4時間程度かかるところ、あるとき大野氏は3分に短縮するよう命じたのです。

改善チームは合理化が見込める100以上の項目を洗い出し、なんと1時間を切るまでに短縮化。ところが大野氏はその成果を称賛するどころか、3分という要求を譲りませんでした。

困り果てた改善チームは、ついに一つの案に光明を見いだします。段取り替えの作業のうち、機械を止めて行う「内段取り」を、機械を稼働しながら作業できる「外段取り」に置き換える方法を編み出したのです。さらに、金型交換の効率化なども進め、ついには3分で段取り替えを完了させるという奇跡を成し遂げました。

人は困れば困るほど徹底的に知恵を振り絞って考える。そうすることで考える癖がつくだけでなく、「自分が問題を解決しなくてはならない」という当事者意識が芽生える――。この強い当事者性こそが無限のアイデアを生み出す原動力になると、トヨタは考えます。

だからトヨタの上司は、ヒントは出すけれど答えはなかなか教えません。自らアイデアを生み出すよう粘り強く促す。問題を自力で解決してこそ自信と責任感を得て、部下は大きく成長していくのです。

「価値観」を教わり、それを指針に考える

トヨタ式の「答えを教えない」とは、部下をむやみに突き放すことではありません。たとえば部下が悩みを相談してきたら、まずはどうしたらうまくいくと思うかを尋ねてみる。返事の内容が本質から遠ざかっているようであれば、軌道修正するためのヒントを与える。返事が良い線をいっていれば、実行を促す。いずれにしても「こうしなさい」と安易に指示することはありません。

人は問いを与えれば、自ら答えをひねり出そうとするのに対し、答えを与えられることに慣れると、考える習慣を放棄してしまいます。特に管理者がマイクロマネジメントをすると、部下は〝指示待ち〟に陥りやすいものです。

トヨタでは、階層別の研修などの教育制度と、各職場の上下関係の中で社員の能力を着実に高めていきます。問いに対する答えを安易に教えない代わりに、それを考えるためのスキルを身につける場や日常的に訓練する場を豊富に準備しているのです。現場では、上司が部下に「答え」ではなく「ものの見方」を教えます。何事も結果に至るまでの「プロセス」の重要性を説くのです。

たとえば、この工具がこの場所に置いてあるのはなぜか。この作業には、なぜこの「標準」が存在するのか。その背景には、多くの先人たちが作業の効率化を考え抜いた過程がある。そこに息づくトヨタの哲学を上司は部下に教えていく——。

部下たちはその教えや価値観をもとに、業務の改善策を自ら考えるのです。

「誰かがやる」ではなく「自分がやれ」

トヨタでは「知恵」を授ける教育を徹底しています。本を読む、ネットで調べる…、知識の多くはお金で買える一方、知恵を得るには何かしらの実践が必要です。

座学では終わらせず、学んだことや思いついたことは必ず実践を通して身につけさせるのがトヨタ流。先述の階層別研修でも、知識習得と自職場での実践は必ずセットになっています。座学だけで終わると、人は「問題のホルダー（当事者）」になりたがらないもの。トヨタでは、外から問題を指摘するだけの批評家を「診断士」、改善案を出せる人を「治療士」と呼び、後者は評価される一方、前者は軽んじられます。「誰かがやる」ではなく、「自分がやれ」という文化なのです。

ポイント解説 「縦」コーチングする

トヨタ流

部下に自ら手を動かすよう促すテクニックがいくつかあります。最もスタンダードなのが、相談や悩みに対し逆に問いかけること。

「どうしてそれをやりたいのか?」「なぜそれをやる必要があるのか?」

部下からの相談にこのように切り返す。そうすることで、目的がクリアになり、取るべき対策が絞れ、アイデアが浮かびやすくなるのです。人は自分で答えを出せば、納得した状態で行動に移せます。

また、自分で出したアイデアを実行に移すほど仕事が楽しくなり、自分で決めたことを自ら守ることによって責任感も芽生える。そういう環境をつくることで部下の成長を促すのがトヨタ流です。

「人材育成とは、価値観の伝承にあり」とは、トヨタの元社長である張富士夫氏の言葉。トヨタは先達がみなトヨタ式の実践者であるからこそ、上から下への教育に説得力があります。そしてその教育とは、すぐに「答えを教える」ことではなく、自ら知恵を出し続ける姿勢を伝承することなのです。

トヨタ式「診断士」と「治療士」の違い

【課題】
1000トンプレス機の「段取り替え」の時間を短縮できる方法は…？

今の改善案はベターだけどベストではないから、もう一歩踏み込んだ案がほしいよね。ベターな案では、劇的な改善は見込めず、結局時間のムダになることもよくあるし

外から批評するだけで当事者意識に乏しい

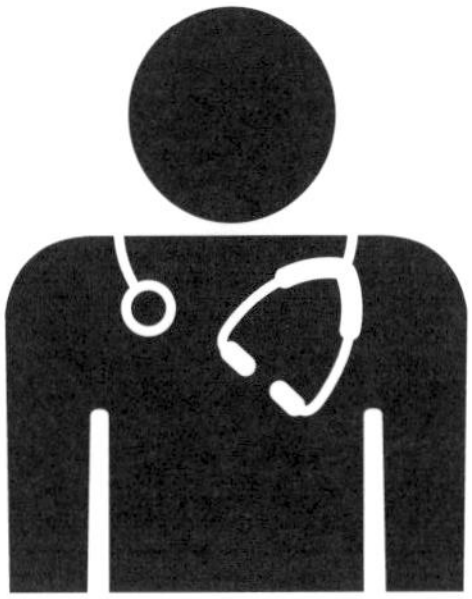

診断士

VS

治療士

「内段取り」を「外段取り」に置き換えてみるのはどうだろう。私が現場で試してみよう

当事者意識を持って具体的なアイデアを提案する

09　コーチング　比較

Google流

「横」コーチングする

グーグルのマネジャーは、1 on 1（ワン・オン・ワン）を通じて部下の信念や価値観を理解した上で、働き方や業務内容を決めていく。それが部下の成長やパフォーマンスの最大化につながるため。部下に信念を率直に語ってもらうには、信頼関係を築くことが不可欠。だからグーグルのマネジャーは、上から管理することはしない。「心理的安全性」を感じてもらえるよう、部下とも「横」の関係を築く。

トヨタ流

「縦」コーチングする

「価値観の伝承」を重んじるトヨタ。社員は上司（先輩）からさまざまなことを学んでいく。ただし、部下が上司に質問しても、すぐに「答え」を教えてくれることはない。問題に直面したとき、知恵をフルに働かせ、自ら解決策を考え、実行に移すのがトヨタ流。部下が自分なりの答えにたどり着けるよう、粘り強く促すのが上司の役目。

13/10

Comparison

アウトプット

▼

Google流

「期限」でアウトプットする

×

トヨタ流

「しくみ」でアウトプットする

「集中力」「エネルギー」「感情」を管理する

生産性を高めるには、与えられた時間の中で「集中力」「エネルギー」「感情」などのマネジメントをしながら働くことが重要である——。元グーグルのピョートル・フェリークス・グジバチ氏は、自著でこんな指摘をしています。グーグルにはこの考えに基づく仕事術がいくつもありますが、その一つが「SPRINT（スプリント）」です。

スプリントとは、ビジネス上の重要課題に取り組む前に実施する、開発・検証プロセスのこと。新サービスの開始、事業領域の変更、主力商品の機能変更などといった組織の将来を左右する重要案件に取り組む際、意思決定者や組織内のさまざまなスペシャリストを集めたチームを結成。課題やターゲット（顧客）の吟味、ソリューション案の検討、ソリューションを落とし込んだプロトタイプの作成、ユーザーテストなどといった工程を通じて課題解決の最適解を得ることを目的とします。

たとえば、子供向けのお菓子メーカーが、大人向けの商品を開発し、新規市場の開拓を検討しているとしましょう。何の確証もないまま巨額の投資をするのはハイリスクです。そこで、厳選したメンバーで新商品の方向性を検討し、いくつかの案を試作

Google

品にし、ユーザーテストを実施する――。こうしたプロセスを通じて、新規事業を実施するか否かを決断したり、成功に最も近い方向性（案）を見極めたりするわけです。

驚くのは一連のプロセスをわずか5日間で終わらせること。普通は、課題の重要性が増すほど潤沢な時間を確保すべきだと考えがちです。ところが、スプリントの発案者である元グーグルのジェイク・ナップ氏は、不十分と思える時間で大きな課題に取り組んだときほど質の高い仕事ができていたことに気づき、スプリントのヒントにします。

締め切りに追われ集中せざるを得なくなることで、重要度の低い仕事に手を出さなくなる。ブレインストーミングするより、個々人が一人で考えたほうが良いアイデアが出る。打ち合わせは、エンジニアやデザイナー、プロダクトマネジャーなど多様な専門家を集めて質疑応答を交えながら進めると充実した議論になる――。

ナップ氏は自身の経験から導き出したこれらの成功法則をメソッド化。そして、グーグルサーチコンソール、グーグルクローム、Gmailなどの重要プロジェクトで試してみたところ、いずれもめざましい結果を生み、社員間でも評判になります。かくしてスプリントは、成果を高める画期的な仕事術として社内に広まっていったのです。

10 アウトプット

スプリントの本質は「集中力の持続」

スプリントは原則、月~金の5日間連続で行われます。プロジェクトメンバーは毎日10時から17時にスプリントルームと呼ばれる部屋に集まります。途中1時間の休憩を挟み、前後半で3時間ずつ作業に集中する。ダラダラとした長時間の作業はありません。

参加メンバーは丸1週間スケジュールを空けてこのプロジェクトにかかりきりになります。集中力を奪う要因をあらかた排除するためです。

現代のホワイトカラーの仕事は、断続的にメールが飛んできたり細かく会議が設定されたりしますが、そうした「中断」が続くと生産性は急落します。短期間で質の高いアウトプットを生み出すためには、一つの作業に集中できる環境づくりが欠かせないのです。

スプリントルームでは休憩中を除いてPCやタブレット、携帯電話などの使用が禁止されています。これも課題に集中するための一環です(部屋の外なら使用OK)。会議に集中するべくデバイスの持ち込みを禁止する。これは、一般的な企業でもすぐに始められることです。閉塞感のある定例会議などで試して、メンバーのマインドチェンジを促すのもいいかもしれません。

メンバーは7人以下、多様な顔ぶれに

スプリントでは5日間の作業メニューが明確に決められています。時間効率と生産性を向上させるためです。

月：問題を洗い出し、課題とターゲットを明確にする
火：各メンバーが課題のソリューション（重要課題の解決案）を提案する
水：集まった案から最高のソリューションを選び、検証可能な仮説に落とし込む
木：リアルなプロトタイプを作成する
金：ターゲットにプロトタイプを使ってもらってテストする

プロジェクトの成否のカギとなるのが、多様なメンバーを集め、自由闊達な議論を展開すること。前出のナップ氏は、議論の停滞を招かないためのコツとして、プロジェクトメンバーを7人以下に抑えることを推奨します。さらに、意思決定者をはじめ、

財務、マーケティング、カスタマー業務、技術／ロジスティクス、デザインの専門家など、顔ぶれに幅を持たせることも重要だと指摘します。

社内の思い込みを打ち砕く顧客の本音

なぜメンバーの多様性が重要なのか？　それを物語るこんなエピソードがあります。米国のブルーボトルコーヒーは、オンラインストアの立ち上げに向けて2012年にスプリントを実施しました。スプリントチームは、新しい客層へのリーチ（広告到達度）と企業の認知度の向上を目指し、オンラインストアのデザイン案として次の三つを考案します。

①ブルーボトルのカフェをウェブ上に再現したデザイン
②バリスタと顧客の定番のやり取りをまとめたテキストメインのデザイン
③コーヒー豆を淹れ方によって分類し、整理したデザイン

皆さんはユーザーテストでどれが高評価だったかわかりますか？　社内の予想は①。ところが、ユーザーの評価は③がダントツでした。①は「うさんくさい」と敬遠されたのに対し、③は「ブルーボトルはコーヒーを知り尽くしている。信頼に足るブランドだ」と好意的に受け取られたのです。

もしもブルーボトルがユーザーテストをせず、社内評価をもとに①案を採用していたら……。きっと巨額の投資に見合わぬ結果を招いていたことでしょう。社内の少数派の意見が顧客にとっての〝正解〟であることは珍しくありません。

スプリントは、自分たちの「常識」を過信する危うさにも気づかせてくれるのです。

プロジェクトの原点を「見える化」しよう

スプリントで活用されている仕事術は、さまざまなビジネスシーンで効果を発揮します。汎用性が高そうなものをいくつか紹介しましょう。

スプリントで最初に取り組む作業は「目標」の言語化です。課題を解決することで、半年後、1年後、2年後に何を実現したいのか。先のブルーボトルの例で言えば、「新規顧客に良質なコーヒーをオンラインで届けること」がそれにあたります。

目標を決めた後、それを実現するための条件を洗い出し、質問形式で書き出します。たとえば、「ブルーボトルの専門性を新規顧客に信頼してもらうこと」が目標達成の条件であるなら、それを「顧客はブルーボトルの専門性を信頼するだろうか？」と質問形式にする。こうした「質問」を思いつく限り書き出すのです。

さらに、顧客が商品やサービスを知り、購買するまでの流れを簡単に図表化した「マップ」もつくります。

目標、質問、マップ。これら三つは「誰に何を提供すべきか」というプロジェクトの原点をそれぞれ異なる角度から示したもので、いわばプロジェクトの「指針」です。この指針をホワイトボードなどに張り出し、メンバーが常にそれを意識しながら議論をすることで、5日間という短期勝負が可能になります。

これがぼやけると、議論の軌道修正が難しくなったり、アイデアが感情論でジャッジされたりします。プロジェクトをチームで進める場合は、規模の大小を問わず、指針の「見える化」をやっておいて損はありません。

良質なアイデアを生むための頭の体操

ソリューションのアイデアの出し方にもスプリント流のアプローチがあります。いきなりアイデアを考えるのではなく、まずはメンバーの頭の体操から始めるのです。

ソリューションは多くの場合、「既存のアイデア同士の意外な組み合わせ」から生まれます。その視点を養うべく、スプリントでは課題解決の案出しの前に、社内外で圧倒的な成果を出したソリューションの事例を各メンバーが調べ、成功のポイントを他のメンバーにプレゼンするエクササイズが実施されます。

取り上げる事例はどんなものでも構いませんが、同業種よりも他業種に目を配ることがポイントです。他業種のビジネスモデルを応用することで、新しい価値を生み出せる可能性が高いからです。

プレゼンでは、取り上げた事例の最も革新的な点を中心に説明します。聞き手はプレゼンの内容をもとに、目の前のプロジェクトに生かせそうなフラッシュアイデアを考え、ホワイトボードや壁にメモを張り出します。

全員のプレゼンが終わる頃には、かなりの数のメモが集まります。これらのメモとこれまでに紹介した「プロジェクトの指針」を参考にしながら、メンバー各自が具体的なソリューションをじっくり考える。これがスプリント流のアイデア出しのプロセスです。

ソリューションは3コマのスケッチで示す

スプリントでは、ソリューションのアイデアを、1枚の紙に3コマのスケッチを描いて提案します。つくり方は単純で、単語やボックス（枠）、矢印などを組み合わせた簡単なビジュアルを用意するだけ。先のブルーボトルコーヒーを例に挙げると、次のような流れを簡単な三つの絵で説明します。

1コマ目：オンラインサイトを訪れた新規顧客がコーヒーの淹れ方の説明を読む
2コマ目：豆の種類について学ぶ
3コマ目：豆の比較検討に入る

こうしたシンプルなフォーマットが決まっていると、アイデアが出しやすくなり、多様な意見が集まります。また、案同士を比較しやすく、純粋に内容の良し悪しでアイデアがジャッジされるのも良いところです。肩書と発言力が比例する組織では、声の大きい人や偉い人の案が採用されがちですが、3コマのスケッチを見て誰もピンときていなければ、それはおそらく良いアイデアではないのです。

「90分集中＋休憩」が作業効率を良くする

ここまでスプリント流の仕事術をいくつか紹介しましたが、全てに共通しているのは、短期集中型であること。ナップ氏は、10日間、6週間、1カ月間と期限を変えてスプリントを試してみたものの、5日間に比べて格段に高い成果が上がったことは一度もなかったといいます。

誰しも時間の余裕があると、注意が散漫になったり、先延ばしにしようとする気持ちが芽生えたりします。また自分のアイデアに愛着を感じ、他者の意見を純粋に見る目が失われていく。これでは仕事の質が下がるのも無理はありません。

このことをグーグラーは理解しています。だから彼らは重要課題と向き合う際に、集中力が持続する短い期限を設けるのです。

スプリントは、比較的規模の大きいチームプロジェクトで活用されるものですが、グーグラーは日々の仕事にもスプリントのエッセンスを生かしています。彼らは集中的作業と休息を意識的に繰り返すことで、仕事の質を高めているのです。

Google流 ポイント解説

「期限」でアウトプットする

元グーグルのピョートル・フェリークス・グジバチ氏は、クリエイティビティーが求められる課題をこなすには、最低90分必要であると説きます。

メールは見ない、不要なブラウザは閉じる、必要な資料や道具類はすべてそろえておく、90分で行うタスクを洗い出しておく。こういったルールをもとに準備を整え、集中的な作業に臨むといいます。

他にも、個室を確保する、同僚に連絡をよこさないように周知する、スマホの電源をオフにする、なども有効でしょう。注意が削がれる要素を減らす工夫が必要です。

90分の作業を終えた後は、10～15分の休憩を取る。あるいは集中力やクリエイティビティーを要求されない事務作業をこなす。そんなメリハリが大切です。いくら多忙な日々を過ごしていても、重要な仕事を空き時間に進めるのは良い選択ではありません。

日本人は休むのがヘタだと言われますが、グーグラーはリフレッシュがうまく、昼休みにバレーボールを楽しんだりしています。

良い仕事をするためには、前向きな休暇が不可欠。しっかりリフレッシュすることで仕事の生産性が高まっていく――。彼らはそのことを経験的に知っているのです。

生産性を高める仕事のメリハリ

<スプリント>

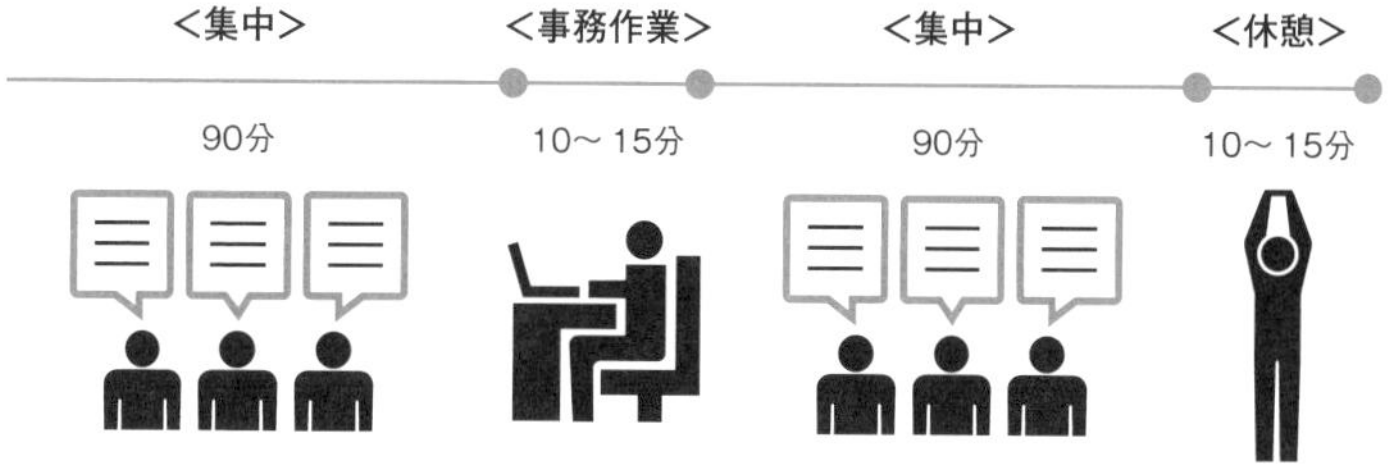

【POINT】
「集中」の時間は目的を決めて、その作業に専念する

<1日の流れ>

【POINT】
仕事と仕事の合間は意識を切り替え、しっかりリフレッシュする

トヨタ式「品質は工程でつくり込む」

「品質第一」を理念に掲げるトヨタ。今や世界中で知られるその高品質は、ミスを生まないトヨタの厳格な生産方式に支えられています。とはいえ、厳重な検査で品質を維持しようとする考えはトヨタにはありません。検査自体は特に価値を生まないからです。

「トヨタ中興の祖」と呼ばれた5代目社長の豊田英二氏は、「検査の理念は検査しないこと」と提言しました。それぞれの生産ラインが完璧な仕事をすれば、最終検査で不良品が見つかることはなくなる。これが「品質は工程でつくり込む」という考えを加速させ、1980年代以降の「トヨタ＝高品質」の礎を築くことにもつながります。

作業者が自らの責任で完璧な状態に仕上げ、次の工程に不良品は絶対に流さない。トヨタの有名な仕事の哲学「自工程完結」です。

生みの親は元副社長・佐々木眞一氏。その発端となったのは、彼が豊田市の堤工場で品質管理部長（後に製造部長）を務めていた頃に起きたこんな出来事です。

TOYOTA

堤工場では当時、作業中に「水漏れ」が頻発。工場の品質管理担当者は原因が突き止められずにいました。それもそのはず、工場には800人近い作業者がおり、その一人ひとりに水漏れを誘発しかねない作業要素が複数あるなど、原因の可能性が膨大にあったのです。

普通であれば諦めてしまう状況ですが、佐々木氏は問題を放置しませんでした。設計、製造設備、作業要領などの観点で点検を実施。その範囲は800工程2000作業要素に及んだものの、ついには水漏れ対策を成功させたのです。

この苦しい経験は、堤工場の作業員たちに自信を与えました。たとえ問題が起きても、そのたびに多様な視点で職場を見直し、トライ アンド エラーを繰り返した先に不具合ゼロの工程を生み出すことができるとわかったからです。

以来、試行錯誤しながら工程をつくり込む文化は全社的に広がっていきました。不合理なミスの発生を抑え、自分で常に完璧な仕上げができる環境を、一人ひとりの作業者が誇りと責任を持って追求していく。トヨタの高品質は、こうした組織文化に裏打ちされているのです。

10
アウトプット

誰がやっても失敗しないしくみをつくれ!

トヨタで新しく管理職になった人が、「これから一生懸命頑張ります」と上司に言ったところ、「お前の役目は頑張ることではない」と返された——。トヨタ出身の実業家である若松義人氏の著書にはこんな話が紹介されています。

この上司が伝えたかったのは、「頑張らなくても、誰もが良い仕事ができる環境を整えることが管理職の仕事である」ということでしょう。

自工程完結にも通じますが、トヨタには「人を責めるな、しくみを責めろ」という考えが根強くあります。人は誰しも失敗する。それは人のせいではなく、しくみに問題があるから。誰がやっても失敗せず、同じ成果が出せるしくみをつくるべし、というわけです。

この考えを反映した取り組みの一つが「ポカヨケ」です。正しいネジを選んで設定しなければ、機械が作動しない。(部品のピッキング作業で)前の部品を取るまで、次の部品を入れるシャッターが開かない。トヨタでは、不注意の発生を防ぐこうした工夫が機械や工具などあらゆるところに仕組まれており、質の担保に寄与しています。

ポカヨケの発想はオフィスワークにも応用できます。たとえば、デザイン事務所でパッケージデザインの仕事を受けた場合。訴求力の高いビジュアルをつくることだけが仕事ではありません。企業ロゴを使用規則に沿ってデザインに落とし込んでいるか。指定されたコピーを漏れなく載せているか。こういった「与件」のクリアが必要です。

そこで、クライアントからの与件を一覧化したチェックリスト（＝ポカヨケ）を用意し、それをもとに、プロジェクトメンバーとは別の人間が最終確認を担当する。確認担当者が全ての要項を点検し、チェックを入れるまでは、納品を待たなくてはいけない。そんなルールにすれば作業の漏れを防げます。

そのリストは進行管理表などとセットにするのがいいでしょう。一つの仕事に関わる情報を一元管理すると、あらゆる確認が効率的に進められます。

ムダを排し、正味作業を増やす

皆さんは就職活動を覚えていますか。多くの指南本は、エントリーシート作成時や面接時の「ポカヨケ」の役割を果たしますが、それと同時に、どんなことをアピールすると高評価を得られるのかを教えてくれます。

仕事のしくみづくりも一緒で、ポカヨケのような質を落とさないための工夫に加え、

ポイント解説

「しくみ」でアウトプットする

トヨタ流

アウトプットの質を高めるための手立ても必要です。

アウトプットの質を高めるには、日々の業務の中で何が価値を生む作業なのか見極めることが不可欠。ここでもトヨタの視点が生かせます。

トヨタでは仕事を「正味作業」「付随作業」「ムダ」の三つに分類します（Comparison12で詳述）。「正味作業」は、付加価値を生む作業のこと。わかりやすく言えば、企画をつくる、サービスをかたちにする、といった価値の創造に直結する作業のことです。

「付随作業」は、その行為自体は価値を生まないけれども、正味作業のために必要な作業。企画書の作成などが該当します。

「ムダ」は、付加価値も生まず、付随作業にも該当しない仕事です。

仕事をこの三つに振り分けると、力を入れるべきことが見えてきます。ムダを徹底的に排し、付随作業も可能な限り減らし、正味作業を拡大させる。この視点でチームの働き方を見直すことが、質の高いアウトプットを生み出すための第一歩です。

正味作業の比重が大きくなるような作業工程（働き方のしくみ）が見えたら、きちんと明文化し、チームに浸透させること。人の能力にバラつきがあることを前提に、誰もが同じアウトプットを生み出すことができて初めて有効なしくみと言えるのです。

工程（しくみ）づくりのポイント

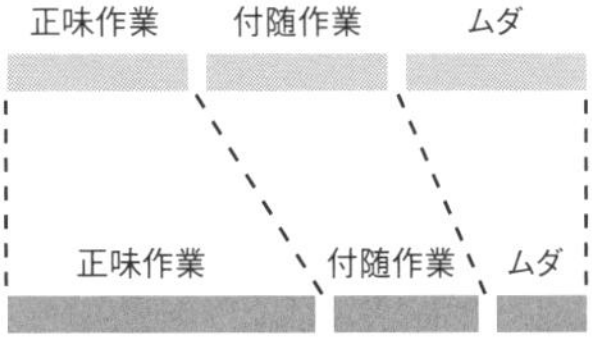

① 業務内容の棚卸し

チームの業務を「正味作業」「付随作業」「ムダ」に仕分けし、「正味作業」を増加、それ以外を減らす働き方（しくみ）を考える。

② 作業内容の明文化

①で得られたしくみを明文化する。誰がやっても同じ成果が出せるよう、数値などを伴うかたちで具体的に記載する。

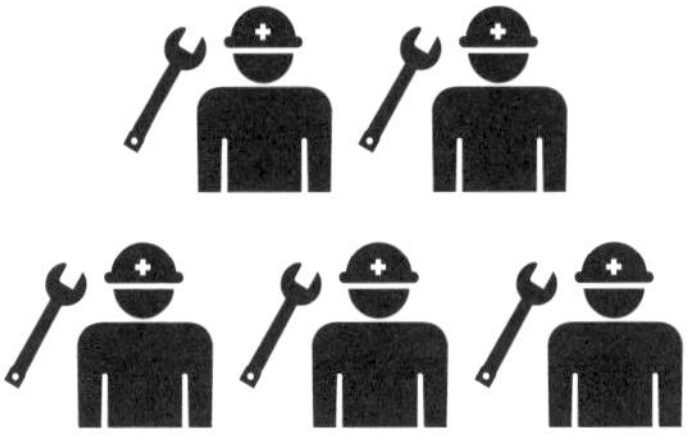

③ 実践

チーム全体で実践。作業上の不都合がないか確認し、チューニングを図る。

①〜③をループさせ、工程を進化させていく

10 アウトプット　比較

Google流

「期限」でアウトプットする

グーグルは重要課題に短期間で向き合う。時間の余裕があると、注意散漫や先延ばしを誘発するほか、誰もが自分のアイデアに愛着を感じ、他者の意見を純粋に判断する意識が薄れてしまう。その点、短い期限を設けると、締め切りに追われ集中せざるを得なくなるため、ムダな議論を避け、重要度の低い仕事に手を出さなくなる。こうしてアウトプットの質を高めるのがグーグル流。

トヨタ流

「しくみ」でアウトプットする

巨大組織で「品質第一」を実現するには、アウトプットにムラが出ないしくみづくりが不可欠。だからトヨタは、工程をつくり込むことにこだわる。自分たちの仕事の取り組み方を常に批判的に見つめ、ムダがあれば徹底的に排除する。そうやって絶えずしくみや工程を改善し、誰が作業しても「検査不要」と見なされる高水準のアウトプットが生み出せる環境を追求する。

13/11

Comparison

人材育成

▼

Google流

「EQ」で人材を育成する

×

トヨタ流

「人事異動」で人材を育成する

EQを育むことで得られるスキル

欧米メディアが「世界一幸せな人」と呼ぶ、チベット仏教の僧侶マチウ・リカール氏。彼の脳内をスキャンしたところ、それまで科学研究で測定された人の中で幸福度が圧倒的に高かったことが、呼び名の由来です。彼は正統な訓練を積んだ瞑想の達人でした。

素晴らしい心の働きが育まれる瞑想の恩恵をビジネスや人生に生かせないか。そんな疑問をもとにグーグルのグループが「20%ルール」を使って開発したのが、EQ（情動知能）カリキュラム「サーチ・インサイド・ユアセルフ（SIY）」です。

SIYは、近年世界的に流行する「マインドフルネス（＝今この瞬間の精神状態に注意を向けること。また、そのために行う瞑想）」を、科学に基づき誰もが実践しやすいかたちに落とし込んだもの。2007年からグーグルで採り入れられ、社員が楽しく創造的に働き、優れた成果を上げるカギと言われています。

EQを育むとどんな効果が得られるのか。この分野の草分けとして知られる作家のダニエル・ゴールマン氏は、EQを次の領域に分類します。

自己認識：自分の内面の状態、好み、資質、直感を知ること
自己統制：自分の内面の状態、衝動、資質を管理すること
モチベーション：目標達成をもたらしたり助けたりする情動的な傾向
共感：他人の気持ち、欲求、関心を認識すること
社会的技能：他人から望ましい反応を引き出すのに熟達していること

各領域を伸ばすと、ビジネスシーンで優れた職務遂行能力、抜群のリーダーシップ、幸せのお膳立てをする能力が発揮できるといいます。

これら情動面での能力が生かせるのは、営業職など対人スキルが求められる職種だけではありません。エンジニアのような知的能力のみが仕事の成否を決める専門職であっても、仕事のパフォーマンスに大きな影響を与えます。

グーグラーは7週間にわたって合計20時間、SIYを体験します。自らの情動を客観視して意のままに心を鎮める方法を学び、成功に必要な楽観的な思考や回復力、集中力や創造性、共感力などを向上させていく。グーグラーが高いパフォーマンスを発揮する裏には、彼らの心を整えるこういったしくみがあるのです。

「マインドフル瞑想」で注意力を鍛えよう

ここからは、ＳＩＹのエクササイズを具体的に見ていきましょう。ＳＩＹは定期的にバージョンアップされていますが、ベースとなる三つのステップがあります。

①注意力のトレーニング
②自己認識と自制
③役に立つ心の習慣の創出

右記の通り、ＥＱのトレーニングは「注意力」を鍛えることから始まります。その理由は端的に説明すると次のようになります。

「自己認識」――すなわち自分の内面の状態、好み、資質、直感を知りそれを管理することはＳＩＹにおける大いなる目標であり、それは自らの思考や心を客観視することで果たされる。

状況に応じて自然とわき上がる気持ちに翻弄されず、主観的な評価も判断もせず、情動をありのままに捉える。そんな境地に行き着くためには、心に穏やかさと明瞭さをもたらす「注意（＝注意力）」が必要となる。

右に説明したような明瞭な注意力は、刺激と反応との間に「間隔」をもたらします。たとえばドライブ中、クラクションを鳴らされたときにわき上がる瞬間的な怒りを冷静に見つめ、一呼吸置いて理性的な行動をとる。あるいは仕事中、クライアントに理不尽な態度をとられても、いったん心を鎮め、建設的な方向に話を展開する…。

刺激に対し、反応を選ぶ時間があればあるほど、理性的な選択が可能になります。その時間の幅を広げるのが、穏やかで明瞭な心と、それを土台にした注意力なのです。

注意を統制する能力は「マインドフル瞑想」と呼ばれる方法で鍛えられます。元グーグルのエンジニアであり、ＳＩＹの開発者でもあるチャディー・メン・タン氏による、比較的シンプルなエクササイズを紹介します。

リラックスした楽な姿勢で座り、ゆっくりと3回、深呼吸をする。

次に自然に呼吸し、鼻やおなかなどの体の部位、あるいは呼吸する体全体に穏やかな注意を向ける。

少し間を置いた後、クッションやマットレスの上にいるような想像を頭に浮かべ、そのクッションの上で心を休ませ、あるがままの時を過ごす。（ここで長い間を置く）

思考や感覚、あるいは音などで気が散っても、その事実を認め、穏やかな心でそれを解き放ち、ゆっくりと注意を呼吸に戻す。（ここで長い間を置く）

穏やかな心を実感しながら、瞑想を終える。

以上のプロセスを1日10分間、あるいはもっと短くても長くてもいいので、好きなだけ実践しましょう。毎日続けるほどに心の穏やかさと明瞭さが深まるといいます。

情動に単語のラベルを貼って自己統制

大きな怒りがわき起こる直前、呼吸が浅くなったり、全身が小刻みに震えたりすることは誰にでもあるのではないでしょうか。

人間は往々にして、心よりも体で情動をクリアに実感します。生理的反応は、その後にわき起こる情動の予兆とも言えるでしょう。

マインドフルネスを体に向けることは、情動を高解像度で知覚することにつながります。ある情動がわき起こる瞬間を俯瞰したり、情動の微細な変化を感じ取ったり、消えるのを見守ったり。情動をクリアに知覚できるほどそれを管理しやすくなります。

情動管理や自己統制には、「情動ラベリング」と呼ばれるテクニックが有効です。やり方は単純で、気持ちに単語のラベルを付けるだけ。たとえば、高圧的な態度を取る人を前にしたときに帯びる感情に「怒り」などとラベルを貼るだけです。

それにより「脳のブレーキ・ペダル」と呼ばれる部位の活動が増え、脳の内側前頭前野の一部が活性化します。その結果、脳の中で特権的地位にあり、フリーズすると思考の分別を損なう「扁桃体」の反応が抑制されるといいます。

マインドフルネスを習熟するほど情動管理がしやすくなるのは、こうした神経プロセスがうまく働くようになるためです。

卓越したリーダーたちが備える特性とは

皆さんの中には、グーグルのようにプロジェクトごとにチームを編成し、チーム単位で成果を求められる人もいるのではないでしょうか。

チームのパフォーマンスを最大化するにあたって、マネジャーのリーダーシップが重要なことは言うまでもありません。

世界的に知られるビジネス書『ビジョナリーカンパニー2 飛躍の法則』(著・ジム・コリンズ/訳・山岡洋一/日経BP社)は、優良企業を〝超優良企業〟に飛躍させるための条件として、特殊なリーダー(同書では「レベル5」リーダーと呼ぶ)の必要性を指摘しています。

特殊なリーダーとは「大きな野心」と「謙虚な態度」を併せ持つ人のこと。個人の利益ではなく、大勢の人の役に立つ規模の大きな「善」を追求し、その実現に向けて周りの人間を奮い立たせる人、といったイメージです。

SIYの生みの親である前出のタン氏は、この「レベル5」リーダーが備える二つの特性(大きな野心と謙虚な態度)を鍛えるためには、「思いやり」を育むことが有効であると自著で指摘します。それはなぜか。

思いやりは、「認知的な要素（＝あなたを理解している）」「情動的な要素（＝あなたに同情している）」「動機づけの要素（＝あなたの役に立ちたい）」という三つの要素から成り立ちます。

認知的な要素と情動的な要素は、相手を理解し同情や共感を示すこと。その態度は、自らのエゴを抑制し、謙虚さの土台になる。動機づけの要素は、人の役に立ちたいという気持ちであり、エゴを超越した大きな善を求める野心に結びつく――。

以上のことから、人を思いやる気持ちを育むことは、「レベル5」リーダーの資質を磨くことになるというわけです。

リーダーシップ論の専門家であるジム・クーゼス氏とバリー・ポズナー氏によれば、管理職の上位4分の1と下位4分の1を分ける要因は、人を愛する気持ちと人から愛されたいという願望――すなわち「愛情」のレベルの高さにあるそうです。

愛情と思いやりの共通性を考えれば、やはり思いやりを育むことは良いリーダーになる近道と言えるのかもしれません。

「善良さ」を増して得られる三つの得

私たちはある物事について考えれば考えるほど、そのことが自然に頭に浮かぶようになります。その思考につながる神経の経路が強化されるためです。

思いやりの心を育む方法も同じで、対象は自分でも他人でもいいので、あらゆる人の善良さに注意を払うことを習慣化すればいい、とタン氏は説きます。

SIYには善良さを増やすエクササイズもあります。自宅でも簡単にできるので、ぜひ試してみてください。

まずは2分間、呼吸に集中し心を落ち着ける。

次に、自らの善良さ――誰かを慈しむ気持ち、利他的な思い、内なる喜びなど――に心を向ける。（ここで少し間を置く）

呼吸をしながら善良さを増やす。息を吸い込むと同時に、自分の善良さを全て心の中へ吸い込む。心に集まった善良さを10倍にする（それを視覚的にイメージする）。

さらに、心の中の善良さを世界に向かって全てはき出す。（ここで2分、間を置く）

次に、自分の知り合いなどありとあらゆる人を想像し、その人たちの中にある善良さに心を向ける。息を吸い込むタイミングで、人々の善良さを全て自分の心の中へ吸い込む。これをしばらく繰り返す。（ここで2分、間を置く）

ラストは再び、あらゆる人々が持つ善良さに心を向ける。誰もが何かしら善良さを持っている。そのことに思いを馳せ、息を吸い込むタイミングで他者の善良さを全て自らの心の中へ吸い込む。これをしばらく繰り返す。（ここで2分、間を置く）

最後は、開始時同様、1分間呼吸に集中し、エクササイズを終了する。

ちなみにこのエクササイズには、三つのポイントがあります。

一つ目のポイントは、「あらゆる他者には善良さがある」という思考を習慣化することで、他者を理解したい、他者に同情したいと本能的に望むようになることです。

その本能は、仮に他者から理解不能な態度を取られたときでも、相手に善良さがある可能性を想像し、歩み寄って理解しようとする心の働きを生み出します。

相手を理解しようとする人間は、相手からも信頼されます。部下から信頼されるリーダーになるには、部下の善良さに心を向ける姿勢が不可欠でしょう。

続いてのポイントは、善良さを他者に与えようと意識することにより、世の中に善を広げたいと願う気持ちが強化されることです。その気持ちは「人の役に立ちたい」という思考に結びつき、常に利他を願う精神が育まれます。

三つ目のポイントは、自信が育まれることとです。心の中の善良さが10倍になる、10倍にできると願い、本気でそう考えるうちに、その考えが定着します。そして「自分は人のためになれる存在である」という考えが自然と受け入れられるようになり、大きな善の実現を目指して周りの人間を鼓舞し、奮い立たせる存在になっていくのです。

以上のエクササイズは、高度なリーダーシップを引き出すことを目的に紹介しましたが、この訓練で得られることは立場を問わず有用です。自分に自信を持ち、他者と協調しながら楽しく創造的に働くことで、高いパフォーマンスを発揮していく。これが全てのグーグラーに共通する仕事の姿勢です。

そのためのマインドと感覚を育むのが、ＥＱカリキュラム「ＳＩＹ」なのです。

※ここで紹介したＳＩＹのエクササイズやその効能、およびその他関連情報は、『サーチ・インサイド・ユアセルフ 仕事と人生を飛躍させるグーグルのマインドフルネス実践法』（著・チャディー・メン・タン／訳・柴田裕之／英治出版）をもとにしています。

「マインドフル瞑想」の効果

人事異動であえてエース社員を外に出す

書店のビジネス書のコーナーに並ぶトヨタ関連の書籍。著者の肩書を眺めると「元トヨタ」がずらり。日本トップレベルの大所帯なので出身者が多いのは事実ですが、優秀な人材が多くいるからこその光景とも言えます。

トヨタでは、「モノづくりは人づくり」という考え方のもとに人材を育てます。人をつくらねば仕事も始まらない。「レクサス」のブランド管理を担う尾崎修一氏は、ウェブメディアのインタビューで「結局、クルマを開発するのは人。人が変わらないと、クルマも変わらない」とつくり手の重要性を強調しています。

トヨタには組織的な研修からQC活動までさまざまな学びの場がありますが、そうした直接的な教育や指導に限りません。トヨタには、環境を変化させることで部下の成長を促す文化があります。象徴的なのが次のようなシーンです。

「社の方針であなたのチームから一人、別部署に移ってほしいと考えています。部下のAさんに異動してもらいたいのですが、いかがでしょうか」

人事部からマネジャーに突如下りてくる異動の話。Aさんはチームで最も仕事ができきる社員。放出すれば戦力ダウンは明白です。そんな打診を二つ返事で了承するマネジャーはまずいないでしょう。

ここでトヨタのリーダーはどうするか。彼らは臆することなくAさん（エース社員）を外に出します。もちろん理由があります。

誰しも組織内での自分のポジションを理解しているものです。それゆえ、重要性の高いタスクは自分より実力が上の人に任せようとする心理が働きます。マネジャーがチームメンバーの実力に応じて仕事を振り分けるなど、安全策を取っているケースも多いでしょう。

それは一見、妥当な判断に思えます。ただ、長い目で見れば、創造性の高い仕事がエース級の社員に偏り、それ以外の社員が成長する機会を失い続けることになります。チーム内のピラミッドの固定化によるそうした弊害を考えると、エース社員を外に出すことには意味があるのです。

実力上位の人間がいなくなれば、残された人間はその穴を埋めようと奮起する。その結果、個人もチームも成長する。これがトヨタ流の人材育成。黙って戦力ダウンを受け入れるわけではありません。

「2：6：2の法則」はうのみにしない

「2：6：2の法則」をご存じでしょうか。

人間の集団は「意欲的に働く層＝2割」「普通に働く層＝6割」「怠ける層＝2割」に分かれる傾向にあるとする説です。管理職の方の中には、自分のチームの構成比がまさにこれにあたると感じている人もいることでしょう。

そんな状態でメンバーの異動の打診を受けたとしたら……？　エース社員を差し出すなどもってのほか。怠ける社員や扱いづらい社員を外に出したくなりませんか。ところがトヨタでそんな考え方は通用しません。

どんな社員であれ上が責任を持って育て上げる。これがトヨタの鉄則。「扱いづらい」が本音であっても、最後まで面倒を見るのがリーダーの役目です。

「意思疎通がうまくいかない部下がいるので他の人間と替えてほしい」。あるマネジャーが大野耐一氏にこう相談したところ、大野氏はその訴えをはねのけたといいます。

扱いづらい部下を異動させたら、異動した先のマネジャーが同じように困るはず。

あなたがその部下としっかり向き合って責任を持って育てなさい、と。

大野氏の弟子である張富士夫氏は、「2：6：2の法則」自体に懐疑的な姿勢を示しています。どんな人間にも個性や強みがあって、適した場所ではすごいパフォーマンスを発揮する。ある社員が怠けているように見えるなら、それは配置ミスか能力を引き出せていないだけ。

問題視すべきは経営層や管理者のマネジメントの方法である、というわけです。

大野氏と張氏の発言に共通するのは、社員のポテンシャルを信じているところ。それはまさに社員の無限の知恵を信じて、不可能と思えるような改善を積み重ねてきたトヨタの価値観そのものです。

誰もが成長すると信じているからこそ、トヨタのリーダーはナンバー1社員を外に出せるのです。

層の厚いチームはエースが抜けても崩れない

トヨタにはスーパースターがいないと言われますが、それは「ナンバーワンを外に出す」のと表裏一体の関係にあるかもしれません。トヨタの真骨頂は、誰もが当たり前のことをできる職場をつくること。

本書で再三例に挙げている「標準」が象徴的で、誰かが現行の作業方法より優れたやり方を発見したら、すぐにチームで共有し、標準が更新される。そしてチーム力が高まっていく――。

つまり、能力のある人が突出するのではなく、誰かの成果がみんなの成果になるように組織化されているのです。

実力差が激しいチームで、エース社員に依存するのは危険です。チーム内に〝できる人任せ〟の空気が生まれ、他のメンバーの成長意欲が低下するだけでなく、エースの不調や異動によってチームが崩れるリスクが常につきまといます。

その意味で、「ナンバーワンを外に出せる」チームとは、エースが抜けても崩れないメンバー層の厚いチームだと言えます。

管理職の方は自身の組織運営を振り返ってみてください。エース以外のメンバーには、どんな強みがあるか把握していますか？　チーム内で重要な仕事を振る機会に偏りはありませんか？　ナンバーワンを特別扱いして、〝天狗〟にしていませんか？

十分に手当てできていないことがあれば、そこから改善を始めましょう。まずは人員の適材適所を進め、メンバーの成長を信じ、仕事の機会を偏らせないこと。これが、トヨタのごとくエースが抜けても崩れないチームづくりの第一歩となります。

11　人材育成　比較

Google流

「EQ」で人材を育成する

「マインドフルネス」を科学に基づき誰もが毎日実践しやすいかたちに落とし込んだ「サーチ・インサイド・ユアセルフ（SIY）」は、グーグルの元エンジニアが開発したEQカリキュラム。合計20時間の実習を通じて、自らの情動を高度に知覚する訓練を積み、集中力、創造性、共感力、思いやりなどの力を向上させる。グーグルの社員が楽しく創造的に働き、優れた成果を上げる秘訣の一つと見なされている。

トヨタ流

「人事異動」で人材を育成する

トヨタには、異動の打診でチームから人を抜かなければならなくなったとき、あえてエース社員を外に出すリーダーがいる。一時的な戦力ダウンは免れないが、実力上位の人間がいなくなれば、残された人間はその穴を埋めようと奮起する。その結果、個人もチームも成長する。マネジャーがメンバーの強みや特徴を把握しておけば、エースが抜けた後も新体制を組むことができる。

13/

Comparison

12

業務改善

▼

Google流

「連絡ツール」の常識を見直す

×

トヨタ流

「ムダ」の定義を見直す

本質から外れることに時間を消費しない

10億ユーザーを超えるサービスをいくつも展開するグーグル。そのミッションは、世界中の人々に最先端のユーザー体験を提供すること。1年先も予測困難と言われる時代に、世界の変化より速く動き、大きな成果を上げることにグーグラーは強い使命感を持っています。

成功ばかりが注目されがちなグーグルですが、失敗もたくさんあります。ただ、失敗も、グーグラーが10X（10倍の成果を生み出す仕事）にチャレンジした証し。「ただでさえ忙しいはずなのに、どうやってチャレンジする時間を確保しているのか？」と不思議に思う人もいるでしょう。

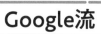

端的に言えば、グーグラーは旧来的な「常識」を捨て、ムダを徹底的に排除し、時間を有効活用しているのです。

たとえば、グーグルでは社員が自身の予定をグーグルカレンダーで全社的に公開しています。社内の人間とアポイントを取りたいと思ったら、カレンダーの空いている日程に用件を書き込むだけ。相手が承諾すれば予約完了という非常にシンプルなシス

Google

テムです。

社外に対しても同様で、空いている日時のみが閲覧可能なカレンダーをクライアントと共有し、打ち合わせの日程を調整するケースが多いといいます。

また、Ｃｏｍｐａｒｉｓｏｎ01で紹介したように、商談中に上司に確認すべきことが出てきた場合も、グーグラーは「一度持ち帰る」ことはしません。彼らの流儀は「今決められることはその場で決める」。上司不在の場で相談があれば、商談先でチャットツールを立ち上げ、上司とやり取りする。

そこで自社の方針を確認した上で、クライアントとの話し合いを前に進めるのです。

元グーグルのトップエンジニアである井上真大氏は、日本企業に比べて米国企業は非常に合理的だと指摘します。いわく、「物事の本質や目的から外れることに、いたずらに時間や手間をかけるようなことはしない」。

慣習に縛られることなく、常にその場において最も効率の良い手段を取り続けることが、グーグルの仕事の進め方なのです。

12
業務改善

社員同士の顔合わせの場を設けよう

スピーディーなコミュニケーションはグーグルの文化。ちょっとした質問であれば、面識の有無や立場の上下を気にせず、社内チャットで気さくに問いかけます。

とはいえ人間ですから、面識の有無がコミュニケーションに与える影響はゼロではありません。前述の井上氏は、自身の経験をこう振り返ります。

「面識のない相手の場合、多忙ゆえに返事がこないことも。ただ、向こうも人間ですから、直接席に出向いてお願いしたら、すぐに返事をくれるようになりました」

人間関係はあって困ることはありません。チャットで円滑なコミュニケーションがとれるようにするためには、トヨタ同様、「タテ・ヨコ・ナナメ」のネットワークづくりを日常的に進めておくことが重要です。

あなたがチームリーダーやマネジャーの立場であれば、部下と他部署の社員が交流する機会を定期的に設けてあげましょう。

グーグルでは、複数の支社の社員が関わるプロジェクトの場合、普段はオンラインでやり取りしますが、半年に一度は、顔を合わせて一緒にランチをしたり、ライトな慰安旅行に出かけたりするといいます。また、本社でも年数回、社員同士の顔合わせを目的としたミーティングの機会を設けているそうです。

メールで時間を消耗するのは「非常識」

「メールに時間を奪われる」のは、グーグルでは非常識。日程調整も「脱メール」がポイントです。グーグルカレンダーは、一括したスケジュール管理が可能なツール。カレンダーを共有したユーザーの予定が可視化されます。

会議の調整役であれば、参加者を選んで、全員の空き時間に開催日時を決めるだけ。AI（人工知能）が参加者全員の空き時間を探して表示する機能もあるので、大人数の会議であっても、一人ひとりに希望時間を聞いて回る必要はありません。出欠確認の管理や資料の添付も可能なので、これらの連絡も不要です。

オンラインカレンダーは便利ですが、活用にあたって注意すべきことがあります。アポを入れられたくない日時には必ず予定を書き込んでおく、ということです。社内会議、クライアント訪問、取材、展示会の設営などといったわかりやすい予定は、カレンダーに漏れなく書き込まれることでしょう。

ポイント解説 Google流

「連絡ツール」の常識を見直す

一方で、資料の読み込みや整理、ＰＣのメンテナンスなどはどうでしょうか。いずれもきっちり時間を取って進めたいものですが、個人で完結する仕事であり、実行する時間なども明確に決めていないため、カレンダーに書き込まないこともあるでしょう。

けれども、カレンダーを他者と共有している場合、空白部分は稼働可能と見なされ、いつどんな予定を入れられても文句は言えません。

それを覆してしまうと、「この日、カレンダーでは予定が空いていますが、会議を入れていいですか？」などと無用な確認が必要になり、しくみが崩壊します。

必要な意思表示は、カレンダー上で完結させることが重要なのです。

元グーグルのピョートル・フェリークス・グジバチ氏は、急用で部下との面談の都合が悪くなった場合もカレンダーの日程をずらすだけ、と自著で説いています。

変更内容は自動的に相手に共有されるし、それを運用ルールとして周知しておくことで、メールやチャットで再調整する手間は発生しない、というわけです。

ポイントは、「ツールの活用」と「運用ルール」はセットであること。それをきっちり定めることで、グーグルはムダなやり取りを徹底的に排除しているのです。

日程調整
メール派？　カレンダー派？

<メール>

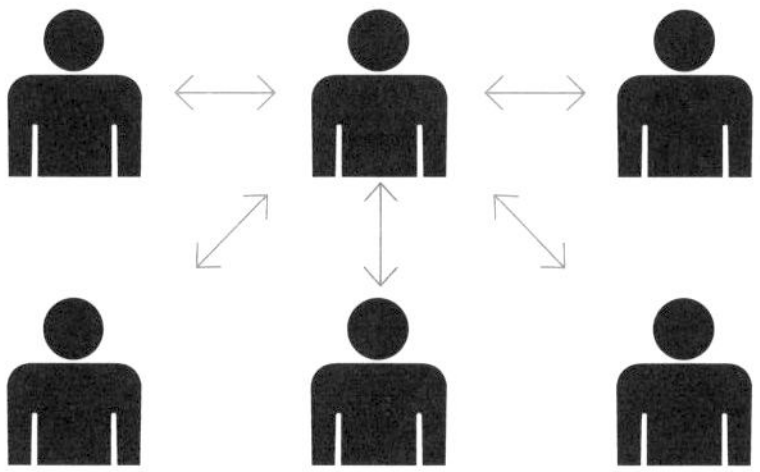

各参加者は調整役とのやり取りに限定され、他の参加者の意向はわからない。結果として、何度もやり取りが発生するなど、調整役の負担が大きく、決定までも時間を要する。

VS

<カレンダー>

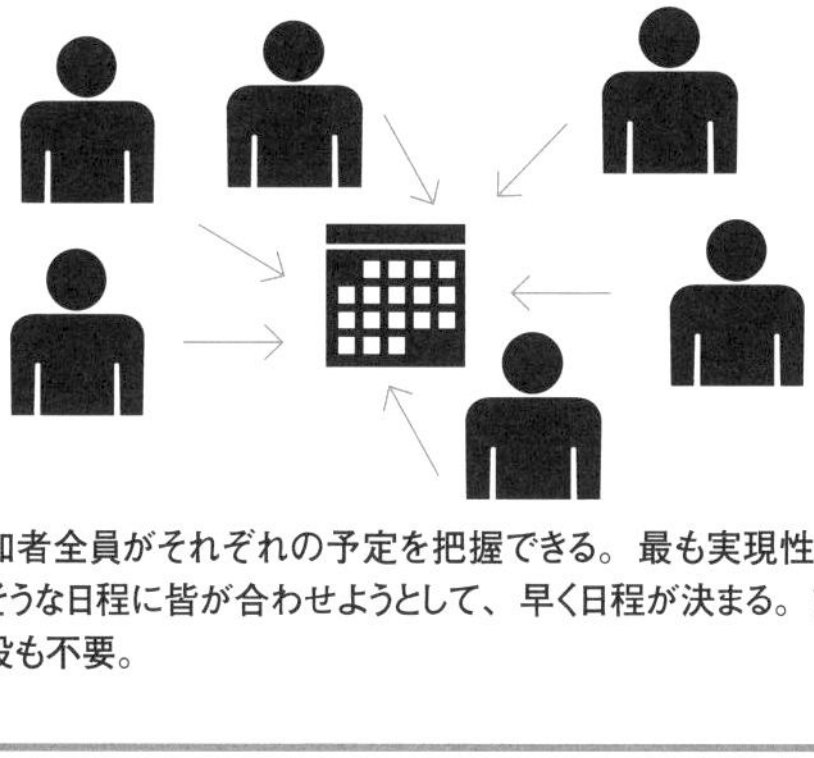

参加者全員がそれぞれの予定を把握できる。最も実現性が高そうな日程に皆が合わせようとして、早く日程が決まる。調整役も不要。

ムダとは「付加価値を高めない現象や結果」

さまざまな企業がお手本にしている、トヨタのムダの排除。それは裏を返せば、トヨタ社内には多くのムダが存在していたということでもあります。

1980年代後半、バブルの波に乗りトヨタ車もたくさん売れましたが、なぜか利益は下降気味。儲からなくなった原因の究明を進めると、数々のムダが発覚します。象徴的な事例があります。当時の世界戦略車「カムリ」には、太陽光を遮るための専用のサンバイザーが、色や形状違いで100種類以上ありました。

他社の事情を見ると、たとえばメルセデス・ベンツでは一つの車系（モデル）に対し、サンバイザーは3種類。カムリとの差は歴然です。サンバイザーの多さがブランド価値を高めるというメリットを生んでいるのかといえばそんなことはなく、むしろ種類を絞れば、コストダウンや作業負担の軽減というメリットに直結する状況でした。

かくしてこの問題は、付加価値の最大化に向けてどのような方向性に進むべきか、改善に向けて話し合いをすることになりました。

トヨタではこうした付加価値を高めない現象をムダと見なします。作業とムダの関係は次の通り整理され、組織の取り組みも社員一人ひとりの仕事も、この視点で有意か否かが判断されます。

正味作業：付加価値を高める作業（例：部品を組み立てる）
付随作業：付加価値は生まないがやらなければならない作業（例：梱包を解く）
ムダ　：付加価値も生まず、必要もないこと（例：部品が届くのを待つ）

トヨタは動作のムダにもシビアです。「時間は動作の影」という言葉があり、動きのムダは時間のロスのもとであると考えます。たとえば、整備作業の工具を取りに行くとき、1秒でも短い動線（通り道）を意識するよう言われます。

たった1秒で何が変わるのか？　正直ピンとこない方もいるでしょう。

とはいえ、ムダな動きを繰り返し1日1分のロスをすれば、1年で数時間を失うことになります。また、その作業が繰り返しの作業であれば、1分のムダが1日何度も発生していることになります。その時間でどれほど新しい仕事（正味作業）ができるのか。そう考えると、決して1秒のムダも軽視できないのです。

ムダが発見しやすくなる七つの視点

仕事の質を高めるためには、正味作業を増やし、ムダを減らすことが必要です。作業工程、職場環境、仕事中の行動など、あらゆる点に目を光らせ、不毛な付随作業を廃止したり、正味作業に潜むムダを発見したりすることが重要です。

ただ、日頃から意識していない限り、ムダを見つけることは簡単ではありません。

そこで、トヨタ流のムダを発見するための七つの視点を紹介します。

①つくりすぎのムダ
必要な数よりも多くつくること。結果的に、売れない製品や時機を逸した品を量産することになる。

②手待ちのムダ
作業者が一時的に何もできない待ちの状態。後半しか出番がない会議に最初から参加しているときなどが該当。時間のロスが大きい。

③運搬のムダ

付加価値を高めない運搬行為。内容面での調整やアドバイスとは無関係に、何度も上長に印鑑をもらいに行くことなどが典型。

④加工そのもののムダ

プレゼン資料の過剰なデザインなどの不要な加工。資料に統一感を出すため、不必要な場合を含めて全ページにビジュアルを載せたりしても、特に価値は生まれない。

⑤在庫のムダ

必要以上の在庫やその保管コスト。モノとしての在庫は場所も取るし、劣化もする。その処理方法を考えることも人的コスト。

⑥動作のムダ

非効率な環境に由来する、付加価値を生まない動作。頻用する道具が取り出しづらい場所に置かれていたり、作業場やプリンターと自席が遠い場合などで起きる。

⑦不良のムダ

ポイント解説
「ムダ」の定義を見直す

不完全なアウトプットを生み出すこと。リサーチが不十分なまま開発を進め、規制に抵触する商品を大量につくってしまうことなど。

これらを自分の仕事に当てはめてみると、一つや二つ改善点が見つかるのではないでしょうか。もちろん常にこの七つの視点を持ち続けるのは大変です。「今日は在庫のムダを見つけよう」といった感じで、一つの視点で現場を見直すだけでもＯＫです。それが職場環境の改善に向けた大きな一歩になります。

ムダの発見と解消にはこんなアプローチもあります。
期末評価における査定項目は、あなたが出すべき価値だと考えることができます。組織が自分に求めているゴール（価値）を明確にし、それを生み出すための行動をどんどんブレークダウンさせていくと、正味作業が浮かび上がってくる。そこに含まれていない行動は付随作業かムダ。つまり削減の対象になります。
チームや部署単位の組織的な取り組みについても、同様のアプローチでその要否が見えてくるでしょう。

これまで紹介した方法はムダを排除するときには役立ちますが、そもそも問題意識がなければ行動には表れません。

ムダ取りの習慣を職場に定着させるには、その空気をつくることが必要です。管理職であれば、面談や定例会議などで部下たちから仕事上のムダをヒアリングし、そこで集まった声を、発言者を伏せてチーム全体で共有するようにしましょう。

職場にムダな仕事が存在し、誰かしらがそれを問題視している、ということをチーム全体で把握することが重要です。ひとたび問題が周知されれば、当事者意識も芽生え、解決の後押しになるからです。

ムダが出揃ったら、改善案について話し合い、一度は実行に移してみましょう。たとえば、「進捗報告のみの定例会議はムダ」という指摘に対し、「グーグルドキュメントに各自が仕事の進捗を書き込むスタイルに変える」という改善案が提示されれば、期限を決めてやってみる。そして、トライアル後には必ず全体で話し合う。

新しいやり方が有効だった場合、前のやり方の何がダメだったのかをみんなで話し合えば、チーム内でムダへの理解が深まります。その機会を逃さないためにも、改善案の採否は管理職の独断で決めないほうがいいでしょう。

ムダの発見と排除を組織に定着させるためには、インセンティブをつけることも有効です。

トヨタの「創意くふう提案制度」のように報奨金を出すのは難しくても、管理職であれば、部下からの提案を期末評価で考慮することはできるはずです。

あなたが新卒入社数年目など若い社員であれば、チーム内に改善の空気を醸成するよう上司に働きかけるといいでしょう。

ムダとは何かを定義し、その発見を助ける視点を与え、「当たり前」とされている仕事からもムダを取り除く。それを通じて組織を成長させるのがトヨタ流。

その根底にあるのは、どんな仕事にも何かしらのムダが潜んでいるという考え方です。「当たり前」は常に不完全。その視点で職場の仕事を見直すことが重要なのです。

~トヨタ流「改善」の代表的な視点~

「七つのムダ」

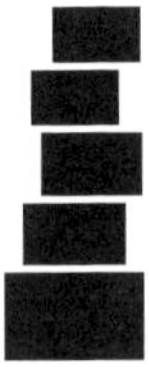

① つくりすぎのムダ

必要以上の量のものをつくったり、需要の低い時期に大量に生産したりすること

② 手待ちのムダ

作業者が一時的に何もすることがない状態

③ 運搬のムダ

付加価値を生まない、ムダな移動や情報のやりとり

④ 加工そのもののムダ

サービスの価値向上に寄与しない加工作業

⑤ 在庫のムダ

備品や完成品などの在庫が過剰で管理コストが高い状態

⑥ 動作のムダ

付加価値を生まない行動で、特に仕事上で不要な動作

⑦ 不良のムダ

廃棄や手直しが必要な不良品をつくること

**視点を絞って
職場環境を観察すると
ムダが発見しやすくなる**

12 業務改善　比較

Google流

「連絡ツール」の常識を見直す

グーグラーは社内外の関係者とグーグルカレンダーを共有し、空いている日程に予定を入れてもらってアポを取る。予定を変更する場合は、カレンダー上で再調整するだけで、メールは使わない。商談の場で上司に確認すべきことが出てきた場合も、「一度持ち帰る」ことはせず、その場で上司とチャットでやり取りする。物事の本質から外れることにいたずらに時間をかけないのがグーグル流。

トヨタ流

「ムダ」の定義を見直す

ムダ取りはトヨタの代名詞。トヨタでは、付加価値を生み出す作業を「正味作業」、付加価値は生まないが正味作業のために必要な作業を「付随作業」、そのどちらでもない作業を「ムダ」と位置づける。以上の整理をもとに社員は自身の仕事のムダを発見、排除していく。付加価値を高めない物品をつくりすぎてしまうムダから、工具を取りに行くときの動作（時間）のムダまで、排除すべき対象は広範囲にわたる。

13/13

Comparison

社員評価

▼

Google流

「社員同士」で評価する

×

トヨタ流

「人望」で評価する

評価制度も「心理的安全性」をベースに

社員の働き方や組織風土に大きな影響を与える人事評価制度。そこには時代ごとのトレンドが存在します。

先進的な人事評価システムを確立し、世界的に注目を集めてきた米ＧＥ（ゼネラル・エレクトリック）が２０１６年、人事評価モデル「９ブロック」を廃止したことは大きなニュースになりました。

「９ブロック」は、パフォーマンス（業績）とグロースバリュー（価値観）の２軸からなるマトリクス図の中で社員をレーティング（順位づけ）する手法です。

日本でも広く手本にされてきましたが、ＧＥは一転してノーレーティング（年次評価の廃止）を採用。社員の能力とモチベーションを引き出すためのパフォーマンスマネジメントに力点を移します。

完成度よりスピード感が優先され、素早く失敗することが重要な意味を持つ現代において、「ミスは許されない」「減点を避けたい」という心理を誘発するレーティングは合っていないと判断されたわけです。

Google

失敗を許容する文化は、組織に「心理的安全性」が存在しないと育まれません。グーグルはこの10年間、心理的安全性をチームづくりの重要なキーワードと位置づけ、それを広げるためのさまざまな取り組みを続けてきました。なかでも社員から好評なのが、同僚に約1万5000円を贈れる制度「ピアボーナス」です。

努力や挑戦を続ける同僚をねぎらいたい。仕事を手助けしてくれた同僚に謝意を示したい。そう思ったとき、所定のシステムに同僚の名前と評価の理由を記載すれば、数日のうちにマネジャーが承認し、その社員（同僚）にボーナスが支払われます。

元グーグルのエンジニア井上真大氏によれば、この制度は非常にポジティブな効果を生み出したとか。

「人から感謝されるのは嬉しいことですが、それが具体的なかたちとして示されるとさらに嬉しさを感じます。ピアボーナスは、自分の業務に直接関係なくても、人のためになろう、手助けをしようという気持ちを高める効果がある。私が働いていたときは、別のチームで働く同僚に謝意を示す目的で使われるケースが多く見られました」

一般的に評価は管理職が行うものですが、「横の評価」も制度化するのがグーグル流。それが社員同士の信頼関係を強め、組織内の心理的安全性を高めていくのです。

13
社員評価

組織への貢献の在り方を複眼的に捉える

ピアボーナスはグーグルをはじめ、さまざまな企業で導入されています。日本ではメルカリがチームコミュニケーションツール「Ｓｌａｃｋ」を通じて、一定の金額を同僚同士で贈り合える制度を導入しています。ピアボーナスの報酬は、給与に変換されるポイントや社内通貨、ギフトカード、各種アイテム、旅行、イベントなど、企業によってさまざまです。

こうしたしくみを取り入れる狙いは多岐にわたります。感謝の「見える化」や、リアルタイムでの称賛を通じた社員のモチベーション向上。その他、組織的な心理的安全性の構築や、社員と会社のエンゲージメントの強化なども考えられます。

一般的に、人事評価は年度目標などのミッションと成果との比較によって導かれます。そのため、数字に表れにくい努力や人柄の良さなどは評価の対象になりづらい。それをすくい取るのがピアボーナスのメリットです。

社員の革新的な取り組みや突出した実績は称賛されてしかるべきですが、それと同様に、派手な成果はないけれど献身的な仕事をしている人たちや、職場の空気を良くしたり組織を下支えしたりする人たちの努力も報われるべきでしょう。

ピアボーナスは組織への貢献を複眼的に捉えるしくみです。それがあることによって、一人ひとりが組織に献身する空気が育まれていく。同僚への感謝をコミュニケーションツールで見える化し、褒め合う文化を定着させている企業も少なくありません。

先にも触れた通り、グーグルではピアボーナスの活用にあたってマネジャーの承認が必要になりますが、これにも意味があります。マネジャーはピアボーナスの申請メールを見て、部下の良い働きを知り、その部下を直接褒めることができるのです。

組織で働く人は、誰もがマネジャーに自分の良い仕事をしっかり見てもらい、正当な評価を受けたいと思っています。

ところがマネジャーは多忙ゆえに、部下の細かな働きまで目が届かず、成果や結果のみで評価してしまうことがままあります。

マネジャーに自分の良い働きを認められ、褒めてもらえれば部下はモチベーションを高めます。それはチーム内の心理的安全性の醸成にも直結する。そう考えると、ピアボーナスはチームの結束強化にも寄与しているのです。

ピアボーナスを導入する際の注意点は？

ピアボーナスの利点はリアルタイムに褒め合えることです。導入するなら、誰もがすぐに行動に移せる簡易なしくみが必要でしょう。ビジネスチャットサービスなどを利用するのも一つの手です。

運用ルールの整備も不可欠です。グーグルでは、1年間にボーナスを贈れる回数や人数が決められています。同じ相手に無制限に贈れてしまうと、公平性が損なわれるためです。

他にも、報酬稼ぎを意識しすぎて本務がおろそかになったり、同僚からピアボーナスを贈られない社員がモチベーションを下げてしまったりと、ピアボーナスには副作用がつきものです。それを放置すると、かえって組織の力を弱めてしまうので要注意。

ピアボーナスを「心理的安全性を生み出す装置」にするためには、一部の人に有利なしくみにならないように客観性と公平性を備えたガイドラインを策定しましょう。誰もが気持ち良く、かつ気軽に使えるしくみを構築することが不可欠です。

「ピアボーナス」のメリット・注意点

〈主なメリット〉

・社内コミュニケーションの活性化
・社員のエンゲージメント向上
・人材の流出防止

数字では測りづらい組織への貢献度が高い働きを評価できるのがピアボーナスのメリット。褒め合う文化が定着するとともに、社員の会社へのエンゲージメントが高まり、人材の定着化にも寄与する。

〈注意点〉

・導入コスト
・報酬稼ぎの横行
・管理職の力の低下

制度化にあたって、専用のサービスの導入などにより、初期費用や定期的な利用料金が発生する。また、自身の担務より報酬稼ぎを優先する社員が出てくることや、社員同士の評価が可能になることで管理職の指示力や統率力が弱まることが考えられる。

人材育成のカギ？リーダーに問われる人望

トヨタの基本は「モノづくりは人づくり」。元社長の豊田英二氏は、「人をつくらねば仕事も始まらない」と人材育成の重要性を強調しました。その理念は今日まで脈々と受け継がれています。

トヨタでは、仕事で成果を出すだけでは、リーダーの役割を果たしたことになりません。問われるのは、どれだけ優秀な部下を育てたか。後継者を育成し、自分が抜けた後も組織が円滑に動く状態にしておくことが、リーダーの重要な役目と見なされます。

とはいえ、部下はそんなふうに思い通りに育つものでしょうか。部下は上司をよく観察し、その人間性を深く理解しています。それゆえ、同じことを言っても、部下に素直に聞いてもらえる上司と反発される上司がいるのが現実です。

だからこそ、リーダーは優れた技能や知見を持つだけでは不十分。部下の見本となり慕われるような人間性を併せ持つことが欠かせません。

そんな現実を踏まえてのことなのか、トヨタの基幹職（課長級以上の立場）の人事考課には、「人望」という評価項目があります。日本とは労働文化や価値観が異なる海外の現場でも評価の際に人望が考慮されるといいます。

では、人望がある／ないとは、どういうことなのでしょうか。トヨタでは「人望」を「信頼され、周囲に活力を与える力」と見なし、その特徴を次のように説明します。

・オープンでフェアな態度をとり、メンバーから信頼を得ている
・誠意と熱意を持って、率先垂範で業務に取り組み、メンバーに活力を与えている
・職場モラルの維持・向上に常につとめている

右に掲げた三つの姿勢を貫き、「あの人の下で働きたい」「あの人のようになりたい」と部下をその気にさせられるかどうか——。

トヨタでは、「自分の分身（自分と同等に働ける後継者）をたくさんつくる人」が優秀なリーダーと見なされます。その実現は人望の有無にかかっているといっても過言ではないでしょう。

「人間力」が全社員の評価基準に

トヨタは2021年より、一般組合員約6・5万人を対象に新たな賃金制度を導入。基本給の中に含まれていた職位に応じて一律で決まる「職能個人給」を廃止し、個人の評価のみで昇給幅を決める制度に転換しました。評価次第で「昇給なし」もあり得る、いわゆる成果主義です。

この新制度は職場の競争力強化を狙ったものですが、評価に差をつけるポイントにトヨタの特色が見えます。

トヨタは新制度の導入に先立ち、2020年から「人間力」を評価基準に加えました。「人間力」とは、「周囲へ好影響を与え、頼られ、信頼される力」のこと。基幹職の人事考課項目の一つ「人望」にも通じる内容です。

将来組織を引っ張っていく人材を育てることを「人づくり」と捉えれば、基幹職に限らず、全ての社員が「人間力」を養い、「人望」を得るのは重要なことなのでしょう。「人間力」のある行動は、次の三つに整理されます。

・自分以外の誰かのために頑張る

・自分はできていないと理解し、学ぼう、成長しようと努力し続ける
・相手を思いやり、当たり前のことを当たり前にできる

社員は各項目の実践度合いに応じて、4段階（◎、○、△、×）のいずれかに判定されます。それぞれの社員が「人間力」を発揮し、組織を活性化させていくことで、次世代技術の競争が過熱する自動車業界で、競争力を維持していく狙いがあるのです。

「100年に一度と言われる変革期」のただ中にある今、すべてのトヨタパーソンが持つべき価値観・行動規範を示した「トヨタウェイ2020」という理念があります。

そこには10の行動指針が掲げられ、「『だれか』のために」「誠実に行動」「仲間を信じる」といった人間力に関わる要素がふんだんに盛り込まれています。

時代が求める価値を生み出すために、外部企業との連携の重要性が増す中、協業相手から「この人と一緒に仕事がしたい」と思ってもらえる人間力や人望を備えることは、トヨタパーソンにとって極めて重要な要素だからです。

トヨタ流の人材育成法はComparison11で詳述しましたが、そこには「人望」を得るためのヒントが隠されています。

トヨタ流

ポイント解説

「人望」で評価する

たとえば、部下にやらせる勇気を持つこと。トヨタの職場では改善を続けるために、時に常識を超えたアイデアを試す必要が出てきます。部下からチャレンジングな提案が寄せられた場合、失敗する可能性が高いとわかっていても、部下の背中を押すのが上司の役目。

新しいやり方を試すことで、設備に不具合が生じたり、一時的に作業が遅れたりするかもしれませんが、それに対する措置を講じた上で全力でやらせてみる。そして失敗は叱らず、想定通りにいかなかった真因を探り対策を考えることで、組織の財産にするよう指示をする。そんな上司の姿勢に部下は信頼感を覚えます。

トヨタに多いのは、部下を中心に置き、その能力と意欲を引き出すマネジメントに長けた「遠心力リーダー」です。強烈な求心力を持つリーダーは組織を急成長に導くことがある一方で、行き過ぎた上意下達は指示待ち人間を量産します。それでは、部下と上司の間に信頼感は生まれません。

トヨタの現場のリーダーは、部下の仕事を日頃から観察し、ヒアリングを重ね、特性をしっかりつかんだ上で、部下の創造性を引き出します。

「(上司は自分のことを)きちんと見てくれている」「自分の考えを正面から受け止めてくれる」。そんな信頼感があって初めて、部下は思い切った挑戦が可能になる。人望とは信頼関係を生み出す土台であり、人材育成には不可欠な要素なのです。

失敗しても私が責任を取る。全力でチャレンジしてください

「人望」のあるリーダー

- 部下の特性を把握し、適切なアドバイスを与える
- チャレンジする部下の背中を押す
- 仕事の面白さを伝え、自ら積極的にその姿勢を示す
- 教えっぱなしにせず、部下の成長に必要な場面でフォローをする
- 誰にでも平等に接する

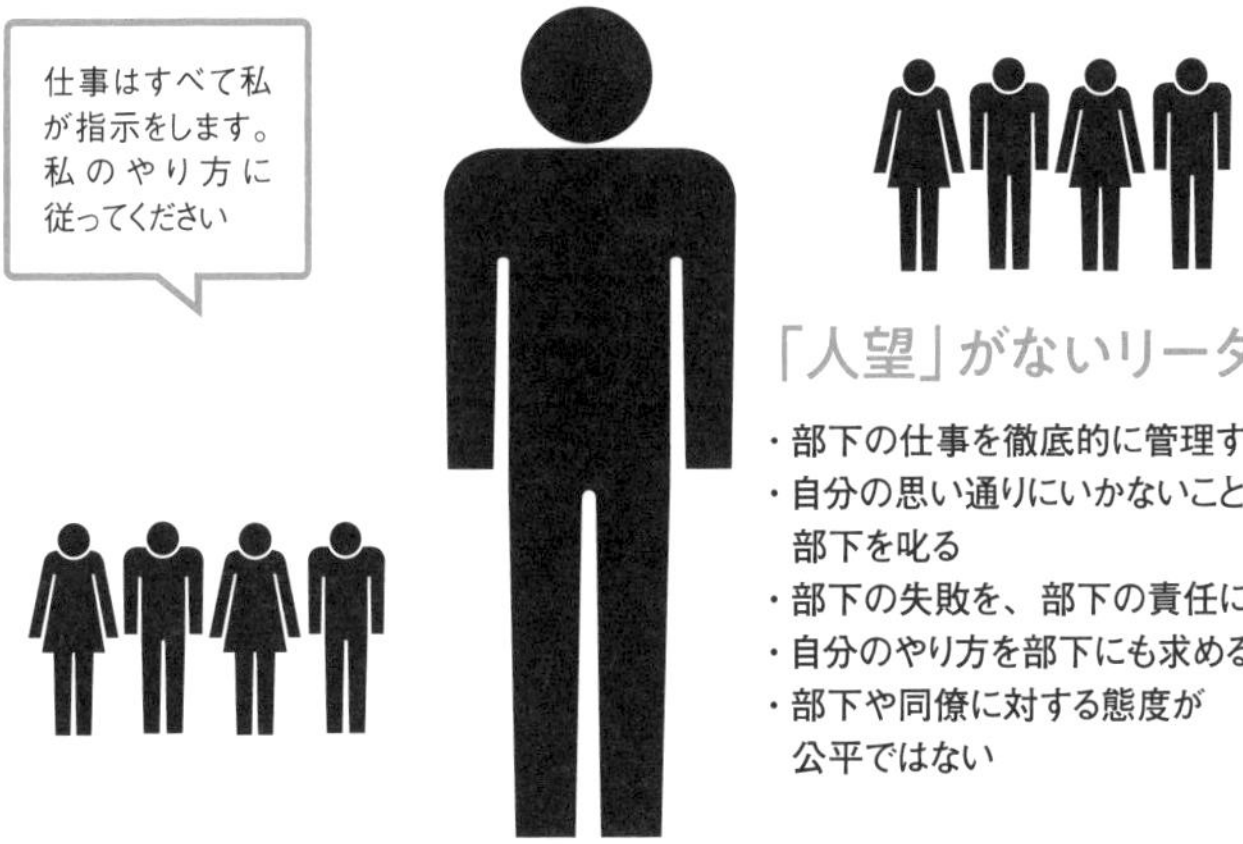
仕事はすべて私が指示をします。私のやり方に従ってください

「人望」がないリーダー

- 部下の仕事を徹底的に管理する
- 自分の思い通りにいかないことで部下を叱る
- 部下の失敗を、部下の責任にする
- 自分のやり方を部下にも求める
- 部下や同僚に対する態度が公平ではない

13 社員評価　比較

Google流
「社員同士」で評価する

同僚に約1万5000円を贈れる制度「ピアボーナス」。貢献度の高い仕事をしている同僚をねぎらいたいと思ったとき、所定のシステムに相手の名前と評価の理由を記載すれば、その同僚にボーナスが支払われる。一般的に人事評価は管理職が部下に対して行うものだが、グーグルは社員同士が褒め合える横の評価も制度化し、社員のモチベーションを高めている。

トヨタ流
「人望」で評価する

トヨタの基幹職（課長級以上の立場）の人事考課には、「人望」という評価項目がある。人望とは「信頼され、周囲に活力を与える力」。オープンでフェアな態度をとり、メンバーからの信頼を獲得する。誠意と熱意を持って、率先垂範して業務に取り組み、メンバーに活力を与える。職場モラルの維持・向上に常につとめている。リーダーは、こうした姿勢で周囲の模範となり、部下の育成につとめることが求められる。

取材協力（敬称略、順不同）

株式会社 OJTソリューションズ

2002年4月、トヨタ自動車とリクルートによって設立されたコンサルティング会社。トヨタ在籍40年以上のベテラン技術者（全員が管理職経験者）が「トレーナー」となり、トヨタ時代の豊富な現場経験を生かしたOJT（On the Job Training）により、現場のコア人材を育て、変化に強い現場づくり、儲かる会社づくりを支援する。『トヨタの片づけ』（KADOKAWA／中経出版）『トヨタ仕事の基本大全』（KADOKAWA／中経出版）など多数の著書を持ち、シリーズ累計85万部を突破。

桑原 晃弥

1956年生まれ。慶應義塾大学卒業後、業界紙記者などを経て独立。トヨタ式の基礎を築いた大野耐一氏の直系である若松義人氏の会社の顧問として、トヨタやトヨタグループなど多くの企業を取材し、トヨタ式の書籍やテキストなどの制作を主導。一方で、スティーブ・ジョブズやジェフ・ベゾスなどIT企業の創業者らをはじめ起業家の研究をライフワークとしている。『スティーブ・ジョブズ名語録』（PHP研究所）、『トヨタ式「すぐやる人」になれる8つのすごい!仕事術』（笠倉出版社）、『ウォーレン・バフェット成功の名語録』（PHPビジネス新書）など著書多数。

井上 真大

1988年生まれ。甲陽学院中学校・高等学校、京都大学大学院情報学研究科修了。日本人で初めて新卒でGoogle本社にソフトウェアエンジニアとして採用され、社内で上位数パーセントの最も高い評価を得た後、株式会社ミライセルフ（現株式会社ミツカリ）を創業。著書『Googleで学んだ 超速 パソコン仕事術 誰でもすぐに使える業務効率化のテクニック81』（SBクリエイティブ）。

おわりに

本書では、トヨタとグーグルという二つのグローバル企業の仕事術を13のテーマで比較しました。

既知の仕事術もあれば、初めて知るものもあったかもしれませんが、いずれも両企業が組織としてあるべき姿を追求する中で、社内から生まれたり、社外から採り入れたりしたアイデアで、組織の成長や企業文化の醸成に大きく寄与したものです。改めて本書の目次をご覧いただくと、その多様さがおわかりいただけるでしょう。

世界中の企業から参考にされる両企業ですが、彼らのスタイルをそのまま採り入れれば、同じような成果が出せるというわけではありません。

本書で紹介した仕事術の多くは、あくまで「型」。型の裏には両企業の組織としての哲学や思想があります。揺るがぬ哲学を土台にしながら、型は時代に合わせて変わることもある。そうした実情を踏まえ、どの比較項目でも「概要編」で、仕事術が生まれた背景や組織文化など「型」の裏側を紹介してきました。

組織の哲学とは、その企業らしさとも言えます。両企業の「らしさ」を一言で表現するのはきわめて難しいですが、あえて象徴的な特徴を一つ取り上げてみます。

トヨタは「仕事のやり方に絶対的な正解はない」と考えているところではないでしょうか。改善がトヨタパーソンにとって終わりなき使命であるように、彼らはどんな作業方法も必ず更新可能と考えます。日本トップレベルの大所帯で全社員がその姿勢で仕事に取り組むのですから、強いのも当然です。

in conclusion

トヨタは長らくトップ企業としての地位を保ち続けていますが、それは社員が思考停止に陥らず、常に組織が発展するしくみに支えられていると言っても過言ではないでしょう。

一方、グーグルの特徴と言えば、心理的安全性を重視したチームづくりでしょう。同社の世間的なイメージは「世界的な頭脳集団」ですが、単なる能力至上主義の組織ではありません。

グーグルは社内調査で、スター社員を集めたチームが他のチームより高い成果を出しているわけではないことを突き止めました。その結果が示唆しているのは、チームのパフォーマンスとは必ずしもメンバーの能力の高さの総和ではない、ということです。

社内調査の結果をもとに、社員の能力を最大限引き出すことに力点を置いた組織づくりを進めていることは同社の特筆すべき点でしょう。

本書を通じて読者の皆様に新しい知識との出合いを提供できたならば、大変うれしく思います。ただし、知識を頭に入れたところで止まってしまっては大きな変化は期待できません。それを血肉にするには実践が必要です。

Comparison04で触れた通り、両企業とも「まずはやってみる(つくってみる)」の姿勢は共通しています。それと同様に、仕事術も使えそうなものはまずは採り入れてみる。そこから職場環境や企業文化に合わせてチューニングして進化させていけばいいのです。

まずはテーマごとに両企業のアプローチの違いを理解し、ご自身の仕事にどちらの仕事術が採り入れられそうか、検討してみてください。そして、ぜひ実践してください。同じ職場でも、これまでと違う景色が見られるはずです。

in conclusion

< 参考文献 >

【書籍】

『SPRINT 最速仕事術 あらゆる仕事がうまくいく最も合理的な方法』
（著・ジェイク・ナップ、ジョン・ゼラツキー、ブレイデン・コウィッツ／訳・櫻井祐子／ダイヤモンド社）

『世界最高のチーム　グーグル流「最少の人数」で「最大の成果」を生み出す方法』
（著・ピョートル・フェリクス・グジバチ／朝日新聞出版）

『世界一速く結果を出す人は、なぜ、メールを使わないのか
グーグルの個人・チームで成果を上げる方法』
（著・ピョートル・フェリークス・グジバチ／ SBクリエイティブ）

『Google流 疲れない働き方』
（著・ピョートル・フェリークス・グジバチ／ SBクリエイティブ）

『0秒リーダーシップ　「これからの世界」で圧倒的な成果を上げる仕事術』
（著・ピョートル・フェリクス・グジバチ／すばる舎）

『ゼロから"イチ"を生み出せる!　がんばらない働き方 グーグルで学んだ"10x"を手にする術』
（著・ピョートル・フェリクス・グジバチ／青春出版社）

『グーグルに学ぶ最強のチーム力　成果を上げ続ける5つの法則』
（著・桑原晃弥／日本能率協会マネジメントセンター）

『サーチ・インサイド・ユアセルフ　仕事と人生を飛躍させるグーグルのマインドフルネス実践法』
（著・チャディー・メン・タン／訳・柴田裕之／監訳・一般社団法人マインドフルリーダーシップインスティテュート／英治出版）

『How Google Works（ハウ・グーグル・ワークス） 私たちの働き方とマネジメント』
（著・エリック・シュミット、ジョナサン・ローゼンバーグ、アラン・イーグル／序文・ラリー・ペイジ／訳・土方奈美／日本経済新聞出版）

『シリコンバレー式 最強の育て方 人材マネジメントの新しい常識 1on1ミーティング―』
（著・世古詞一／かんき出版）

『Googleで学んだ 超速 パソコン仕事術　誰でもすぐに使える業務効率化のテクニック81』
（著・井上真大／ SBクリエイティブ）

『世界No.1トヨタの非常識な45の習慣』
（著・若松義人／ PHP研究所）

『図解 誰もができる社員になる トヨタのすごい習慣&仕事術』
（著・若松義人／ PHP研究所）

『トヨタ　仕事の基本大全』
（著・（株） OJTソリューションズ／ KADOKAWA）

『トヨタの失敗学 「ミス」を「成果」に変える仕事術』
（著・（株） OJTソリューションズ／ KADOKAWA）

『トヨタの育て方』
（著・（株）OJTソリューションズ／KADOKAWA）

『トヨタ社員だけが知っている超効率仕事術』
（著・渡邉英理奈／フォレスト出版）

『トヨタ式「すぐやる人」になれる8つのすごい！仕事術』
（著・桑原晃弥／笠倉出版社）

『トヨタだけが知っている早く帰れる働き方』
（著・桑原晃弥／文響社）

『トヨタの描く未来 トヨタ式新しい時代の働き方』
（著・桑原晃弥／リベラル社）

『Action！ トヨタの現場の「やりきる力」』
（著・原マサヒコ／プレジデント社）

『トヨタ新現場主義経営』
（著・朝日新聞社／朝日新聞出版）

『トヨタの話し合い 最強の現場をつくった聞き方・伝え方のルール』
（著・加藤裕治／ダイヤモンド社）

『トヨタ生産方式　初めて明かされる改善の真実』
（著・佐藤光俊／扶桑社）

『トヨタの強さの秘密　日本人の知らない日本最大のグローバル企業』
（著・酒井崇男／講談社現代新書）

『モチベーション3.0』
（著・ダニエル・ピンク／訳・大前研一／講談社）

『ビジョナリーカンパニー2　飛躍の法則』
（著・ジム・コリンズ／訳・山岡 洋一／日経BP社）

【ウェブ】

CORAL INSIGHTS「経営陣と現場の距離は、社員規模に比例しない」
https://coralcap.co/2019/11/candid-conversations/

【論文】

『研究開発組織の地理的統合とコミュニケーション・パターンに関する既存研究の検討』
（太田理恵子）
https://hermes-ir.lib.hit-u.ac.jp/hermes/ir/re/17969/kenkyu0320400010.pdf

『トヨタ生産方式（「TPS」）の評価に関する一考察』
（伊藤賢次）
http://wwwbiz.meijo-u.ac.jp/SEBM/ronso/no13_3/05_ITO.pdf

Googleとトヨタの比べる仕事術

2021年12月10日　初版第1刷発行

編集　マルコ社
執筆　verb
装丁・本文デザイン　大塚將生（marron's inc.）
装丁イラスト　平松慶
校正　ディクション株式会社

発行者　梅中伸介
発行所　マルコ社（MARCO BOOKS LIMITED）
〒151-0053
東京都渋谷区千駄ヶ谷1-19-12 千駄ヶ谷第2スカイハイツ303
電話:03-5309-2691　FAX:03-5309-2692
e-mail:info@marcosha.co.jp
公式facebook:http://www.facebook.com/marcosha2010
ウェブサイト:http://www.marcosha.co.jp

発売　サンクチュアリ出版
〒113-0023
東京都文京区向丘 2-14-9
電話:03-5834-2507　FAX:03-5834-2508

印刷・製本　中央精版印刷株式会社

ISBN：978-4-86113-686-3